José Smith: Un Verdadero Profeta de Dios

Dios Habla con los Profetas en la Actualidad

José Smith: Un Verdadero Profeta de Dios

Dios Habla con los Profetas en la Actualidad

Duane S. Crowther

Traducción por
Andrea Villanueva

Segundo edición: Julio 2004

Número uniforme internacional:
0-88290-766-2

Número de catálogo de Horizon Publishers:
H2108

Impreso y distribuido
en los E.E.U.U. por

CEDAR FORT

& Distributors, Incorporated

Dirección:
925 North Main street
springville, Utah 84663

Teléfono: (801) 489-4084
Teléfon WATS (libre de gastos): 1 (800) SKYBOOK
FAX: (800) 489-1097

Internet:
E-mail: horizonp@burgoyne.com
Website: http://www.horizonpublishersbooks.com

Contenidos

Dios Habla con los Profetas en la Actualidad

La Biblia es importante para mí. Es un registro de los tratados de Dios con su pueblo a lo largo de casi cuatro mil años, y nos sirve como guía para mostrarnos la forma en la cual Dios planea asociarse con nosotros en la actualidad.

En el antiguo testamento encontramos muchos pasajes referentes a la naturaleza de Dios. En Malaquías 3: 6, al estar hablando con Malaquías, el Señor le dice *"Porque yo Jehová no cambio"*. Creo que esa declaración expresa un principio muy importante. Como Dios era en las épocas Bíblicas, es así en la actualidad. En Hebreos 13:8 en el Nuevo Testamento, Pablo expresa el mismo concepto: *"Jesucristo es el mismo ayer, y hoy, y para siempre"*.

El Salmista en sus días, hablaba acerca de Dios y de sus grandes creaciones. Observó que la tierra y las creaciones de Dios—hechas por sus manos—habrían de perecer, pero expresó a Dios su conocimiento: "mas tú permanecerás". Y después le dice a Dios, *"Tú eres el mismo, y tus años no se acabarán"* (Salmos 102:25-27). En el Nuevo Testamento, Pablo se refiere al mismo salmo y escribió estas palabras, en Hebreos 1:10-12:

> Y Tú Oh Señor en el principio fundaste la tierra, y los cielos son obras de tus manos: Ellos perecerán, mas tú permaneces; y todos ellos se envejecerán como una vestidura, y como un vestido los envolverás y serán mudados; pero *tú eres el mismo, y tus años no acabarán.*

Por tanto, la Biblia enseña en diferentes ocasiones que la naturaleza y las actitudes de Dios no cambian. Quisiera aplicar este principio y demostrar que entendiendo la naturaleza de Dios, tal como él trató con el pueblo del Antiguo y Nuevo Testamento, nos ayuda a reconocer cómo se relacionará con la humanidad hoy en día.

Dos Preguntas Claves Hechas por Alguien que Busca la Verdad Diligentemente

Tengo en mi poder una carta de una mujer que—pienso yo—es una persona que busca la verdad diligentemente. Ella hace preguntas que son de suma importancia para que cualquier Cristiano las medite.

Primeramente pregunta si hay profetas en funciones y si hay una necesidad de ellos en la tierra hoy en día. Su iglesia no tiene profetas, y profesan que Dios ya no habla con el hombre. Ella está preocupada, dado que siente la necesidad de recibir orientación divina respecto a la relación entre los hombres y las naciones hoy en día, y cree que sería injusto que Dios revelara su voluntad en otras épocas y se negara a hacerlo en la actualidad. La razón le dice que existe la necesidad de tener profetas que sirvan como portavoces de Dios hoy en día, tal como lo fueron en las épocas de la Biblia, pero esta idea crea un conflicto con las ideas de su iglesia.

Su **segunda pregunta tiene que ver con la gran cantidad** de iglesias que existen en la actualidad. Ella se pregunta si realmente es necesario ser parte de una iglesia. **¿Es acaso la iglesia solamente una organización social a la cual los Cristianos podemos ó no asistir, o acaso hay ordenanzas vitales que obtenemos por medio de la iglesia y que son esenciales para nuestro bienestar personal eterno?** En caso de que estas ordenanzas sean esenciales, ¿puede efectuarlas cualquier iglesia, o acaso hay una sola iglesia en la cual radica la autoridad para actuar en el nombre de Jesucristo? En resumen, las ordenanzas de la iglesia son necesarias para la salvación, pero ¿hay acaso una sola iglesia verdadera de Jesucristo, que tenga el poder ó la autoridad del sacerdocio para actuar en el nombre de Dios?

Dios Ministró a su Pueblo por medio de Profetas en las Épocas del Antiguo Testamento

Consideremos primeramente la pregunta en cuanto a los profetas, y veamos algunos pasajes de las escrituras que nos indican que el plan de Dios siempre ha sido comunicarse con su pueblo y con la gente en toda la tierra, por medio de profetas. Quiero mostrarles que Dios dijo que Él ministraría a su pueblo por medio de profetas, que lo hizo tanto en la época del Antiguo como del Nuevo Testamento, y que sus planes siempre han sido hablar con sus hijos aún en la actualidad, por medio de profetas. La Biblia hace mención de todos estos profetas y literalmente existen cientos de pasajes bíblicos que nos hablan acerca de ellos. Aunque no hay forma de considerarlos a todos, examinemos a un buen número de ellos que nos muestran claramente el tema de esa sección.

Primeramente veamos Amos 3:7. En este pasaje el profeta Amos nos expresa la seguridad que él tiene de que: "*Porque no hará nada Jehová el Señor sin que revele sus secretos a sus siervos los profetas*". Este pasaje nos enseña que Dios se vale de profetas para decirle a la gente de todo el mundo lo que piensa hacer.

Otro pasaje con un significado parecido se encuentra en Oseas 12:10. En este pasaje el Señor dice, *"Y he hablado a los profetas y aumenté la profecía y por medio de los profetas usé parábolas"*.

Aún en la antigüedad, en los tiempos de Moisés, el Señor claramente dijo a su pueblo que les enseñaría y guiaría por medio de profetas. Volvamos a Deuteronomio 18 y leamos varios versículos de un pasaje extenso acerca de los profetas. El versículo 15 dice. "*Profeta* de en medio de ti, de tus hermanos como yo, *te levantará Jehová tu Dios; a él oiréis*". Después en el versículo 18 y 19 El dijo, "Profeta les levantaré de en medio de sus hermanos, como tú; y pondré *mis palabras en su boca,* y *él les hablará todo lo que yo le mandaré*". "Mas *cualquiera que no oyere mis palabras que él hablare en mi nombre, yo le pediré cuenta*".

Aquí el Señor nos esta diciendo que pondrá profetas sobre la tierra, que hablará a su pueblo por medio de ellos, y que espera que la gente obedezca a estos profetas; y si no se obedece, se pagará por esa desobediencia.

El principio de un profeta vigente para el beneficio de la gente, fue dado a conocer mucho antes de las épocas de las cuales hemos estado hablado. En el libro de Génesis, capítulo 20, leemos la historia de Abraham. El se encontraba viajando hacia el sur y se encontró en el domínio de Abimelec, rey de Gerar. Abimelec, sin saber que Sara era la esposa de Abraham, la tomó para hacerla su esposa. Leemos en el capítulo 20, versículo 7, que el Señor habló a Abimelec en un sueño y dijo concerniente a Abraham: "Ahora, pues, devuelve la mujer a su marido; porque *es profeta y orará por ti, y vivirás.* Y si no la devolvieres, sabe que de cierto morirás tú, y todos los tuyos". Y así, porque Abraham era un profeta, tenía el poder para orar por Abimelec y Abimelec no fue destruido. El Señor con su sabiduría y misericordia juzgó necesario hablar con Abimelec y decirle que tenía que respetar el papel de profeta que Abraham tenía, y que tenía que respetar a su esposa también.

Una de las historias más interesantes en el Antiguo Testamento es la historia de Josafat, un rey de Juda, y como se enfrentaba a los problemas en sus días. En una ocasión Josafat quería saber cual sería la voluntad de Dios concerniente a su pueblo. Encontramos esta historia en 2 Reyes 3:11. Ya que el había querido saber la voluntad de Dios en cierta circunstancia, Josafat dijo, "*¿No hay aquí profeta de Jehová, para que consultemos a Jehová por medio de él?*" Y uno de los sirvientes del rey respondió y dijo: "Aquí esta Elíseo hijo de Safat".

Era el mismo Josafat del que leemos en 2 Crónicas 20:20, quien dijo, "*Creed en Jehová* vuestro Dios y estaréis seguros; *creed en sus profetas y seréis prosperados*".

Aprendemos más del papel que un profeta juega, al leer acerca de Samuel, quien fue llamado a ser un siervo del Señor cuando era un jovencito. Regresemos a 1o de Samuel 3:19-21, y veamos lo que dijo el Señor acerca de cómo servir un profeta. El pasaje dice: "Y Samuel creció y Jehová estaba con él, y no dejó caer a tierra ninguna de sus palabras. Y todo Israel, desde Dan hasta Beerseba, *conoció que Samuel era fiel profeta de Jehová.* Y Jehová volvió a aparecer en Silo; porque *Jehová se manifestó a Samuel en Silo por la palabra de Jehová*". Podemos apreciar que en aquéllos tiempos se respetaba mucho a un profeta porque era aceptado como portavoz de Dios para todo el mundo.

Los profetas declaran la palabra de Dios a su pueblo, y representan su voluntad hacia ellos. Sin embargo, frecuentemente no son aceptado por la gente. Un pasaje interesante que ejemplifica estos principios se encuentra en el Libro de Jueces, capitulo 6, versículos 8-10. El pasaje dice

> Jehová envió a los hijos de Israel un varón profeta el cual les dijo: Así ha dicho Jehová Dios de Israel: Yo os hice salir de Egipto y os saqué de la casa de servidumbre. Os libré de la mano de los egipcios, y de mano de todos lo que os afligieron, a los cuales eché de delante de vosotros y os di su tierra; y os dije Yo soy Jehová vuestro Dios; no temáis a los dioses de los amorreos, en cuya tierra habitáis; pero no habéis obedecido mi voz.

Un profeta no sólo sirve para testificar de la existencia de Dios y para declarar su palabra a la gente, sino también a veces **testifica en contra de la gente en el nombre de Dios.** Vemos un pasaje donde esto sucede, en el Antiguo Testamento, en 2 Reyes 17:13-14. Que dice lo siguiente

> *Jehová amonestó entonces a Israel y a Judá por medio de todos los profetas y de todos los videntes,* diciendo: Volveos de vuestros malos caminos, y guardad mis mandamientos, y mis ordenanzas conforme a todas las leyes que yo prescribí a vuestros padres y *que os he enviado por medio de mis siervos los profetas.* Mas ellos no obedecieron, antes endurecieron su cerviz, como la cerviz de sus padres, los cuales no creyeron en Jehová su Dios.

El profeta Daniel nos enseña otro principio respecto a los profetas, que **un profeta establece la ley del Dios ante su pueblo.** En Daniel 9:10 leemos la oración de Daniel, confesando los pecados y debilidades de su pueblo, al reconocer que “No obedecimos a la voz de Jehová nuestro Dios, para andar en sus *leyes que él puso delante de nosotros por medio de sus siervos los profetas.*” Los profetas son hombres llamados de Dios y escogidos como sus portavoces.

Un pasaje interesante habla acerca de Jeremías, un profeta escogido por Dios aún antes de su nacimiento en esta tierra, y fue instruido a pesar de que era tímido y tenía miedo a declarar todo lo que el Señor le mandara. Leamos Jeremías 1:5-7 cuando el Señor le dice a Jeremías

> *Antes que te formaste en el vientre te conocí,* y antes de que naciste *te santifiqué, te di por profeta a las naciones.* Y yo dije ¡Ah! ¡ah, Señor Jehová! He aquí no sé hablar, porque soy niño. Y me dijo Jehová: No digas: Soy un niño; *porque a todo lo que te envié iras tú, y dirás todo lo que te mande.*

Fue Jeremías quien nos enseñó que **Dios llama a la gente al arrepentimiento por medio de sus profetas, y también Dios nos advierte de cosas por venir si no las obedecemos.** Leamos dos pasajes de Jeremías capítulos 25 y 26. Jeremías 25:4-7 Dice.

> *Y envió Jehová a vosotros todos sus siervos los profetas,* enviándoles desde temprano y sin cesar; pero no oísteis, ni inclinasteis vuestro oído para escuchar cuando *decían: Volveos ahora de vuestro mal camino y de la maldad de vuestras obras,* y moraréis en la tierra que os dio Jehová a vosotros y a vuestros padres para siempre. Y no vayáis en pos de Dioses ajenos sirviéndoles y adorándoles, ni me provoquéis a ira con la obra de vuestras manos; y no os haré mal. Pero no me habéis oído, dice Jehová, para provocarme a ira con la obra de vuestras manos para vuestro mal.

El segundo pasaje, Jeremías 26:4-6, dice:

> Les dirás pues: Así ha dicho Jehová: *Si no me oyereis para andar en mi ley* la cual puse ante vosotros, *para atender a las palabras de mis siervos los profetas, que yo os envío* desde temprano y sin cesar, a los cuales no habéis oído, yo pondré esta casa como Silo, y esta cuidad la pondré por maldición a todas las naciones de la tierra.

En el capítulo 42 de Jeremías leemos como **un profeta intercede ante el Señor por el bienestar del pueblo.** Capitulo 42, versículos 4-6 dice,

> Y el Profeta Jeremías les dijo: He oído. He aquí que *voy a orar a Jehová vuestro Dios, como habéis dicho, y todo lo que Jehová os respondiere, os enseñaré; no os reservaré palabra.* Y ellos dijeron a Jeremías: Jehová sea entre nosotros testigo de la verdad y de la lealtad si no hiciéremos conforme a todo aquello para lo cual Jehová tu Dios te enviare a nosotros. Sea bueno, sea malo a la voz de Jehová nuestro Dios al cual te enviamos, obedeceremos, para que obedeciendo a la voz de Jehová nuestro Dios, nos vaya bien.

Y entonces Jeremías fué y oró al Señor intercediendo por ellos.

Varios pasajes nos dicen qué sucede **cuando la gente se vuelve inicua; Dios retira a sus profetas de entre ellos,** y no permite que les prediquen o profeticen. Uno de estos pasajes se encuentra en Isaías 29:9-10, en el que se dio la advertencia que el pueblo perdería a sus profetas y visiones. La advertencia decía,

> Deteneos y maravillaos; ofuscaos y cegaos; embriagaos y no de vino; tambalead y no de sidra. Porque *Jehová derramó sobre vosotros espíritu de sueño y cerró los ojos de vuestros profetas y puso velos sobre las cabezas de vuestros videntes.*

Ezequiel habló de este mismo problema. En Ezequiel capítulo 7, versículos 25-26 leemos:

> Destrucción viene: y buscarán la paz y no la habrá. Quebrantamiento vendrá sobre quebrantamiento, y habrá rumor sobre rumor; y *buscarán respuesta del profeta* mas la ley se alejará del sacerdote, y de los ancianos el consejo.

Ser un profeta con la autoridad del Señor, requiere un llamamiento especial de por Dios. Tal como Dios dijo a Jeremías que lo había ordenado para ser profeta, leemos de otros que les fue dada autoridad de Dios para ser profetas. 1 Samuel, capitulo 10, nos dice como Samuel ungió a Saúl para ser rey, y también le dio el poder para ser un profeta de Dios. En los versículos 5 a 7 leemos de las instrucciones que Samuel le dio a Saúl diciendo:

> Después de esto llegarás al collado de Dios donde está la guarnición de los filisteos; y cuando entres allá en la cuidad encontrarás una *compañía de profetas* que descienden del lugar alto, y delante de ellos salterio, pandero, flauta, y arpa, y *ellos profetizando. Entonces el espíritu de Jehová vendrá sobre ti con poder, y profetizarás con ellos, y serás mudado en otro hombre.* Y cuando te hayan sucedido estas señales, haz lo que te viniere a la mano, porque *Dios estará contigo.*

Y en los versículos 9 y 10 leemos,

> Aconteció luego que al volver él la espalda para apartarse de Samuel, *se conmovió Dios su corazón;* y todas estas señales acontecieron en aquel día. Y cuando llegaron allá al collado, he aquí la compañía de los profetas que venía a encontrarse con él; y el *espíritu de Dios vino sobre él con poder, y profetizó entre ellos.* Y cuando la gente se dio cuenta que Saúl había recibido un llamamiento profético, se hicieron la siguiente pregunta, ¿Está Saúl también entre los profetas?

Mucho antes en el Antiguo Testamento, leemos acerca de otras personas a quienes se les ha dado la responsabilidad de ser profetas de Dios. Por ejemplo Moisés estaba sumamente ocupado y no disponía del tiempo suficiente para administrar de manera adecuada los asuntos de su pueblo. En el capítulo once de Números leemos cómo el Señor le mandó llamar a 70 hombres para que sirvieran como líderes a su pueblo. En el versículo 17 del Capítulo 11 de Números el Señor dice: "Y yo descenderé y hablaré allí contigo y *tomaré del espíritu que esta en ti, y lo pondré en ellos;* y llevarán contigo la carga del pueblo y no la llevarás tú sólo." Y después derramó su espíritu sobre ellos. En el versículo 25 dice "Entonces Jehová descendió en la nube, y le habló; y *tomó del espíritu que estaba en él y lo puso en los setenta varones y ancianos;* y *cuando posó sobre ellos el espíritu, profetizaron y no cesaron*".

Pero dos de los hombres que estaban profetizando se encontraban fuera del campamento. Esto preocupó a Josué y le sugirió a Moisés que prohibiera que estos hombres profetizaran, pero Moisés no estaba de acuerdo con Josué. En el versículo 29 leemos su respuesta: "¿Tienes tú celos por mí? *Ojalá todo el pueblo de Jehová fuese profeta y que Jehová pusiera su espíritu sobre ellos.*" Así vemos que el Señor escoge el delegar a otros poder para ser profetas y les daba a ellos así como a Moisés el poder para hablar en su nombre. Estos siervos a quienes se les confirió autoridad para ser profetas recibieron poder de Dios para ejercer en su nombre y Dios manifestó a Israel que esos hombre eran sus siervos y profetas autorizados.

Otra experiencia interesante se efectúa en la época de Elías, cuando el desafió a 450 de los sacerdotes de Baal en el Monte Carmel. Recuerden que estos sacerdotes colocaron madera en un altar y trataron de hacer caer fuego del cielo pero no pudieron. Y después Elías tomó sus materiales y buscó hacer caer fuego del cielo para quemar el sacrificio y probar así que él era un profeta del Dios verdadero y viviente. Primera de Reyes capitulo 18 cuenta la historia. En los versículos 36-38 explica exactamente lo que sucedió: "Cuando llegó la hora de ofrecerse el holocausto, se acercó el profeta Elías y dijo: Jehová Dios de Abraham, de Isaac y de Israel sea hoy manifiesto que tú eres Dios en Israel, *y que yo soy tu siervo y que por mandato tuyo he hecho todas estas cosas*". y continuó orando, "Respóndeme, Jehová, respóndeme para que conozca este pueblo que tú oh Jehová eres el Dios y que tú vuelves a ti el corazón de ellos. *Entonces cayó fuego de Jehová y consumió el holocausto la leña, las piedras, y el polvo, y aún lamió el agua* que estaba en la zanja". Viéndolo, todo el pueblo se postraron y dijeron: *Jehová es el Dios, Jehová es el Dios.*" Por tanto la prueba de que Jehová el Jesucristo premortal era realmente Dios, también demostró que Elías era su siervo y que sus actos eran realmente autorizados de Dios.

He citado mas de 20 pasajes del antiguo testamento demostrando cómo Dios obraba por medio de sus profetas en aquéllos días. Encontramos miles de ejemplos; lo único que tenemos que hacer es buscar la palabra *profeta* en la concordancia y examinar los pasajes allí enumerados, para darnos cuenta que siempre Dios ministró por medio de sus profetas para dar testimonio al pueblo de su divinidad, para llamarlos al arrepentimiento, para darles leyes, para darles un medio por el cual ellos pudiesen saber la voluntad de Dios y finalmente para instruirles y guiarles en justicia.

Tal vez podamos resumir todos estos pasajes al repetir lo que dijo Josafat en 2 Crónicas 20:20, "*Creed en Jehová vuestro Dios y estaréis seguros; creed a su profetas, y seréis prosperados*".

Dios Ministró a Su Gente por medio de Profetas en los Tiempos del Nuevo Testamento

También aprendemos mucho acerca de los profetas en el Nuevo Testamento. Jesucristo dio autoridad a sus doce apóstoles para que pudieran ser profetas y apóstoles.

Leemos un comentario concerniente a la autoridad que les otorgó en Juan 15:15-16

> Ya no os llamaré siervos, por que el siervo no sabe lo que hace su señor; pero os he llamado amigos, por que todas las cosas que oí de mi Padre, os las he dado ha conocer. *No me elegisteis vosotros a mí sino que yo os elegí a vosotros, y os he puesto para que vayáis y llevéis fruto,* y vuestro fruto permanezca; para que todo lo que pidiereis al Padre en mi nombre, él os lo de.

Mateo, capítulo 10, menciona cómo el Señor instruyó a sus doce apóstoles en cuanto a la manera de usar el poder del sacerdocio y su llamamiento profético. Y después de mucha instrucción, les instruyó en cuanto a su papel como profetas, y les explicó cómo debían ser recibidos por la gente. En Mateo 10: 40-41 dijo: "*El que a vosotros recibe, a mí me recibe;* y el que me recibe a mí, recibe al que me envío. *El que recibe a un profeta en el nombre de un profeta, recompensa de profeta recibirá;* y el que recibe a un justo en el nombre de un justo, recompensa de un justo recibirá." Por lo tanto estos profetas y apóstoles fueron instruidos en recompensar a aquéllos que los recibiesen, y permitirles participar de las ricas bendiciones que vendrían al aceptar a los profetas elegidos de Dios.

Jesús sabía el tremendo sufrimiento que sus profetas tenían que padecer. En Mateo 23:34-35 y 37, leemos cómo Cristo habló de los profetas que él había enviado:

> Por tanto, *he aquí yo os envío profetas* y sabios y escribas; y de ellos, *a unos mataréis* y crucificaréis, y a otros azotaréis en vuestras sinagogas y perseguiréis de ciudad en ciudad; para que venga sobre nosotros toda la sangre justa que se ha derramado sobre la tierra desde la sangre de Abel el justo hasta la sangre de Zacarías hijo de Berequías, a quien matasteis entre el

> templo y el altar. ¡Jerusalén, Jerusalén, *que matas a los profetas y apedreas a los que te son enviados!* ¡Cuantas veces quise juntar a tus hijos, como la gallina junta a sus polluelos debajo de las alas, y no quisisteis!

Poco después del día de Pentecostés, Pedro hizo una declaración muy profunda relacionada al papel que jugaría un profeta. Leemos esto en Hechos 3:18-24. Pedro acababa de sanar a un hombre que estaba inválido y hablaba a la gente de Jerusalén cuando dijo estas palabras:

> Pero *Dios ha cumplido así lo que había antes anunciado por boca de todos sus profetas,* que *su Cristo había de padecer.* Así que, arrepentíos y convertíos para que sean borrados vuestros pecados; para que vengan de la presencia del Señor tiempos de refrigerio, y él envíe a Jesucristo que os fue anunciado a quien de cierto es necesario que el cielo reciba hasta los tiempos de la restauración de todas las cosas de *que habló Dios por boca de sus santos profetas que han sido desde tiempo antiguo.* Porque Moisés dijo a los padres: *el Señor vuestro Dios os levantará profeta de entre vuestros hermanos como a mí;* a *el oiréis en todas la cosas que os hable;* y toda alma que no oiga a aquel profeta será desarraigada del pueblo. *Y todos los profetas desde Samuel en adelante, cuantos han hablado también han anunciado estos días.*

Y cuando Pablo escribió a los Efesios, recalcó la importancia de los profetas en la iglesia y en el reino de Dios. Comparó a la iglesia con un edificio y mencionó que había sido construido sobre el fundamento de los apóstoles y profetas. El pasaje se encuentra en Efesios 2:19-20:

> Así que ya no sois extranjeros ni advenedizos, sino conciudadanos de los santos y miembros de la familia de Dios, *edificados sobre el fundamento de los apóstoles y profetas,* siendo la principal piedra del ángulo Jesucristo mismo.

Si los apóstoles y profetas eran el fundamento de la iglesia entonces, ¿no serían una parte indispensable del plan de Dios? En el siguiente versículo Pablo continúa explicando cómo la organización completa de la iglesia era esencial. "En quien todo el edificio, bien coordinado, va creciendo para ser un templo santo en el Señor." ¿Podría la iglesia ser un templo santo si no estuviera completa? ¿Podría crecer en el Señor si no tuviera el fundamento de apóstoles y profetas? ¿Y puede una iglesia ser la iglesia verdadera de Dios hoy día sin este fundamento?

La Biblia Profetiza de Futuros Profetas Que Ministrarán en los Últimos Días

Finalmente consideremos las menciones proféticas que la Biblia hace acerca de los profetas futuros en los últimos días. El libro del Apocalipsis contiene varias referencias sobre este tema. Una de ellas se refiere a una temporada terrible de pesar y desorden que sucederá en la misma época de la batalla de Armagedón. En el capitulo 11 del Libro de Apocalipsis leemos sobre dos profetas que serán testigos de Dios en la ciudad de Jerusalén, justo cuando la batalla esté por empezar. Los versículos 3, 5, y 6 dicen:

> *Y daré a mis dos testigos que profeticen* por mil doscientos sesenta días, vestidos de silicio . . . Si alguno quiere dañarlos, *sale fuego de la boca* de ellos, y devora a sus enemigos; y si alguno quiere hacerles daño, debe morir él de la misma manera. *Estos tienen poder para cerrar el cielo,* a fin de que no llueva en los días de su profecía; *y tienen poder sobre las aguas* para convertirlas en sangre, *y para herir la tierra* con toda plaga, cuantas veces quieran.

Aquí tenemos un pasaje que menciona el gran don otorgado por Dios que tendrán estos profetas del futuro. Después, en el mismo capitulo 11 leemos lo que se dirá en el cielo después de que estos profetas sean llevados de la tierra. Los versículos 17 y18 nos dicen que habrá un grupo de 24 élderes que darán gracias a Dios y dirán, "Tu ira ha venido, y el tiempo de juzgar a los muertos, y de *dar el galardón a tus siervos los profetas.*"

Y en el capítulo 18 de Apocalipsis leemos acerca de la futura destrucción de una ciudad que será el centro de toda iniquidad. Leemos que en aquel día habrá profetas y apóstoles que se regocijarán por la caída de esta cuidad tan inicua. Apocalipsis 18:20 dice que después que la ciudad haya caído habrá razón para: "Alégrate sobre ella, cielo, y *vosotros santos, apóstoles y profetas; porque Dios os ha hecho justicia en ella.*"

Así que leemos que la Biblia menciona a profetas que vivirán en un futuro. Vemos una secuencia de que Jesucristo siendo el mismo ayer, hoy, y para siempre, guió a su pueblo en el Antiguo Testamento por medio de profetas. También dirigió su iglesia por medio de profetas en tiempos del Antiguo Testamento. Y estos profetas dijeron que también habría profetas en estos últimos días.

Estos son algunos de los pasajes que nos llevan a creer que Dios opera en este mundo por medio de profetas, y que Dios mismo los utiliza como sus siervos para dar testimonio de sus obras, de sus palabras, y para advertir y preparar a la gente. Él revela su voluntad a la iglesia y a todo el mundo por medio de los profetas.

Creemos que la existencia y aceptación de profetas es una prueba por medio de la cual podemos valorar si una iglesia es en realidad, la iglesia verdadera de Jesucristo en la actualidad. La iglesia verdadera de Jesucristo aceptará esta doctrina Bíblica, de que un profeta debe de actuar y desempeñarse como profeta en el nombre de Dios. La Iglesia verdadera de Jesucristo en la actualidad deberá tener profetas que la guíen y dirijan y que hablen a todo el mundo. Un verdadero creyente de Cristo aceptará a sus profetas y los reconocerá como portavoces autorizados de Dios y prestará oídos al mensaje inspirado de ellos.

Habrá algunas personas que rechacen toda esta serie de pasajes Bíblicos los cuales muestran que Dios revela su voluntad a su pueblo y al mundo por medio de profetas, debido al hecho de que sus iglesias no tienen profetas, por lo tanto dicen que los profetas no son necesarios. Sus iglesias no reciben revelación, por lo tanto dicen que Dios ha cesado de revelar su voluntad a sus hijos.

Ciertamente, el reconocimiento de que no tienen profetas ni revelaciones viene a raíz de la gran apostasía que sucedió poco después de la muerte de los apóstoles de Cristo, en la época del Nuevo Testamento. El poder y la autoridad para actuar en nombre de Dios, desapareció de la tierra, y lo que quedó fueron las iglesias de los hombres. Ciertamente si esos hombres no tenían la autoridad para hablar en el nombre de Dios, entonces tampoco podían recibir revelación de él. Con razón llegaron muy pronto a la conclusión de que los profetas no eran necesarios, y que Dios ya no revelaba su voluntad a los hombres.

Apocalipsis 22:18-19 Se Refiere Sólo al Libro de Apocalipsis, no a la Biblia en General

Durante la Reforma Protestante, mientras los reformistas buscaban contrarrestar el poder y control del Catolicismo, comenzaron a predicar que la Biblia es un libro cerrado y que no puede ser añadida ninguna revelación o doctrina nueva. Ellos no tenían ninguna base doctrinal sólida sobre la cual apoyar esta enseñanza. Todo lo que sabían era que no había profetas autorizados entre ellos, y que no estaban recibiendo ninguna revelación de Dios.

Finalmente, en Apocalipsis capitulo 22, versículos 18 y 19 encontraron un pasaje que comenzaron a usar con frecuencia. Su interpretación era tan superficial y tan contradictoria a la verdad y a la razón, que realmente no merece ningún comentario. Pero como la razón fundamental de este pasaje sigue utilizándose para refutar los cientos de pasajes que dicen la forma en la cual Dios habla por medio de sus profetas, considerémoslo por un instante. Los versículos se encuentran casi al final del último capítulo del libro de Apocalipsis. Algunas personas irreflexivas leen este pasaje y dicen:

> ¿Ves?, No debe haber ninguna otra escritura o revelación, sólo las que se encuentran en la Biblia. Estos versículos concluyen todo.

Y esto es lo que dice el pasaje:

> Yo testifico a todo aquel que oye las palabras de la profecía de este libro: Si alguno añadiere a estas cosas, Dios traerá sobre él las plagas que están escritas en este libro. Y si *alguno* quitare de las *palabras del libro de esta profecía,* Dios quitará su parte del libro de la vida, y de la santa ciudad y de las cosas que están escritas en *este libro.*

Déjenme compartir con ustedes cuatro razones por las cuales esta forma de pensar es incorrecta, porque sólo son malas interpretaciones basadas en principios falsos, y expresar esta objeción bíblica es una vergüenza para cualquier persona conocedora de la Biblia. Primeramente deben saber que cuando Juan escribió el libro del Apocalipsis, aproximadamente en el año 96 D. C., no existía ninguna Biblia. Las epístolas y recuentos del Nuevo Testamento que entonces había, no fueron canonizados hasta después del Tercer Concilio de Cartagena en el año 397 D.C. No había forma de que el párrafo final de Juan hubiese sido escrito con la intención de que incluyera a toda la Biblia, ni siquiera sabía que los libros del Nuevo Testamento serían compilados, ni de que su libro sería puesto al final de esta compilación.

Segundo, se escribieron otros libros del Nuevo Testamento después que se escribió el Apocalipsis. Si el Apocalipsis hubiese tenido que ser el último libro de escrituras, entonces esta lógica nos invita a pensar que todos los otros libros escritos con posterioridad fuesen excluidos del Nuevo Testamento y catalogados como obras falsas de los hombres. Eusebio nos indica que los dos libros de Segunda y Tercera de Juan fueron escritos después del Apocalipsis de Juan, y como Juan es el autor de estos otros dos libros, queda claro que él sintió sería correcto escribirlos aún tomando en cuenta la forma en la que había concluido el libro de Apocalipsis.

Tercero, otros pasajes similares a los de Juan suceden en otras partes de la Biblia—en Deuteronomio, por ejemplo. Si la lógica dice que no se debe recibir ni registrar mas revelación después del libro de Apocalipsis, entonces la misma lógica aplicaría para después del libro de Deuteronomio. Deuteronomio 4:2 contiene el mandamiento de Dios que dice: "No añadiréis a la palabra que yo os mando, ni disminuiréis de ella". Deuteronomio 12:32 dice lo mismo. Si aceptamos que la advertencia de Dios en Deuteronomio se aplica solamente a este libro, que obviamente es lo que tenemos que hacer o en su defecto tendríamos que deshacernos de casi toda la Biblia; asimismo, si estamos real y honestamente buscando la verdad, entonces debemos aceptar que la advertencia de Juan en el libro del Apocalipsis solamente se aplica a ese libro.

Cuarto, Juan dice que si hombre alguno añadiere a estas cosas, Dios traerá sobre él las plagas que están escritas en el libro de Apocalipsis. El pasaje no esta impidiendo a Dios enviar revelaciones; sólo advierte que los hombres no deberán escribir palabras no inspiradas y utilizarlas como parte del libro de Juan.

Y nuevas revelaciones han sido dadas al mundo por medio de profetas Santos de los Últimos Días, y han sido registradas como escrituras. Si la típica interpretación Protestante que hemos discutido es válida y si estas nuevas revelaciones no fueron realmente inspiradas, más inventadas por el hombre, entonces sin duda alguna, los Santos de los Ultimos Días habrían sido azotados durante los últimos 150 años por las plagas a las que se refiere Juan. Pero, ¿dónde están estas plagas? Qué nos dice este hecho acerca de la frágil validez de esta interpretación de Apocalipsis 22; y ¿qué nos dice de la desacertada enseñanza de que no puede haber más revelación o escrituras sólo las que se encuentran en la Biblia? Aquéllos que usan esta frágil e inválida interpretación, sólo demuestran una falta de conocimiento personal, así como muy poco deseo por conocer y discernir la verdad. No desean incrementar su conocimiento acerca de cómo Dios se comunica con el hombre.

La Existencia y la Aceptación de los Profetas es una Prueba por Medio de la cual Podemos Identificar a la Verdadera Iglesia de Jesucristo

Vayamos ahora a nuestro segundo tema, y hablemos de la Iglesia que Jesucristo mismo organizó. En el cuarto capitulo de su epístola a los Efesios, Pablo compara a la Iglesia con un cuerpo humano, y enfatiza la importancia de unidad en este cuerpo. Empezando con el versículo 11, él nos dice que el Señor " Constituyó a unos *apóstoles;* a otros *profetas;* a otros *evangelistas;* a otros *pastores* y *maestros*". Y después Pablo nos da tres razones para la existencia de esta Iglesia: "*A fin de perfeccionar a los santos, para la obra del ministerio, para la edificación del cuerpo de Cristo.*"

Y luego, Pablo menciona por cuanto tiempo sería necesaria esta Iglesia: "*Hasta que todos lleguemos a la unidad de la fe y del conocimiento del Hijo de Dios, a un varón perfecto* a la medida de la estatura de la plenitud de Cristo." ¿Acaso hemos llegado a esta unidad? ¿Existe todavía la necesidad de una Iglesia verdadera de Jesucristo? Es obvio que esta necesidad es mas fuerte hoy que nunca. La Cristiandad no está unida; está dividida en cientos de denominaciones, cada cual con sus propias creencias y prácticas.

Leamos ahora los versículos 14 y 15, donde Pablo explica porqué es necesario encontrar la Iglesia verdadera de Jesucristo:

> *Para que ya no seamos niños fluctuantes, llevados por doquiera* de todo viento de doctrina por estratagema de hombres que para engañar emplean con astucia las artimañas del error, sino que siguiendo la verdad en amor, crezcamos en todo en aquel que es la cabeza, esto es, Cristo.

Pablo sabía que la organización de la Iglesia de Jesucristo era necesaria, que sirve para perfeccionar a los santos, y que los protege de falsas doctrinas y de las artimañas de los hombres. También sabía que las ordenanzas efectuadas por los poseedores del sacerdocio, con la autoridad para actuar en el nombre de Dios, eran esenciales para los Santos. Entre estas ordenanzas se encuentran el Bautismo, y conferir el don del Espíritu Santo, para que podamos tener el derecho, si somos dignos, de tener su guía en forma continua. En una de mis cintas entitulada "Pruebas Bíblicas de la Iglesia Restaurada", se discute en forma cuidadosa la gran apostasía profetizada en la Biblia. Esta cinta explica cómo los Lideres de la Iglesia primitiva

Cristiana fueron asesinados, explica también como la cadena continua del sacerdocio fue interrumpida, perdiéndose así la autoridad para actuar en el nombre de Dios, y en consecuencia, desaparecieron los apóstoles, profetas y las revelaciones. Habla de falsas doctrinas que tomaron fuerza: cómo el hombre, debido al hecho de que no tenía la autoridad para obrar en nombre de Dios, comienza a predicar que la autoridad no era necesaria; cómo los hombres sin el poder y autoridad del sacerdocio para bautizar en el nombre de Jesucristo comienzan a predicar que el bautismo no es necesario; cómo los hombres sin la autoridad para conferir el don del Espíritu Santo por la imposición de manos, comienzan a predicar que el don del espíritu santo viene sin la necesidad de la imposición de manos; cómo los hombres sin la autoridad debida predican que la organización de una iglesia autorizada no era esencial; que la iglesia es sólo una organización social que sirve para unir a la gente en una congregación; y que uno puede salvarse sin formar parte de la Iglesia. Todas estas doctrinas falsas aún permanecen en el mundo hoy día, y si el hombre en la actualidad acepta y cree en estas doctrinas falsas, podrían quitarles su salvación.

La Biblia Enseña que el Bautismo es Esencial para la Salvación y Debe de Ser Administrado por Poseedores Autorizados del Sacerdocio

Examinemos algunos pasajes Bíblicos que nos dicen acerca de una de estas ordenanzas esenciales como el Bautismo. En el tercer capítulo de Juan, leemos como uno de los mandatarios Judíos llamado Nicodemo, vino a Jesús durante la noche y le preguntó qué debería hacer. Y comenzando en el versículo 3 de Juan capítulo 3, Jesús le dijo: "*El que no naciere de nuevo, no puede ver el reino de Dios.*" Nicodemo no entendió, y preguntó: ¿Entonces tiene un hombre que entrar otra vez en el vientre de su madre y nacer de nuevo? Jesús le respondió: "De cierto, de cierto te digo, *que el que no naciere de agua y del Espíritu, no puede entrar en el reino de Dios.*"

El bautismo por inmersión para la remisión de los pecados, llevado a cabo por alguien con la debida autoridad, es una ordenanza esencial en el plan de salvación que Dios ha revelado. Jesucristo nos puso el ejemplo. Aún cuando era limpio de pecado, se bautizó para darnos el ejemplo. Mateo, capitulo 3 versículos 13-15, nos dicen de su bautismo:

> "Entonces Jesús vino de Galilea a Juan al Jordán para ser bautizado por él. Mas Juan se le oponía, diciendo: Yo necesito ser bautizado por ti, ¿y tú vienes a mí? Pero Jesús le respondió: Deja ahora, *porque así conviene que cumplamos toda justicia.*

Juan lo bautizó, aun cuando Jesús no tenía pecado.

Si el Salvador siendo limpio de pecado fue bautizado para cumplir con toda justicia, cuanta más necesidad tenemos nosotros, con todas nuestras imperfecciones, de ser bautizados por alguien con la debida autoridad, y cumplir así con toda Justicia?

Juan 4:1-2 nos dice que Jesús envió a sus discípulos para que fueran bautizados. Si creemos que Jesús es el mismo ayer, hoy, y para siempre y sabemos que envió a sus discípulos a que se bautizaran, ¿no deberíamos reconocer que en la actualidad es necesario ser bautizados por alguien con la debida autoridad? Jesús envió a sus discípulos que poseían la autoridad, para que realizaran esta ordenanza. Mateo 28:18-19 nos dice el mandamiento que Jesús dio a sus discípulos al término de su ministerio en la tierra, y dijo:

> Toda potestad me es dada en el cielo y en la tierra. Por tanto id, y haced discípulos a todas las naciones,

> *bautizándolos* en el nombre del Padre, y del Hijo y del Espíritu Santo.

En la versión de Marcos acerca este último mandamiento, se agrega una frase muy importante. En Marcos capítulo 16, versículos 15 y 16 leemos que Jesús les dijo: "Id por todo el mundo y predicad el evangelio a toda criatura. *El que creyere y fuere bautizado será salvo; mas el que no creyere, será condenado.*" Aquí el Señor hace hincapié que el bautismo es el resultado necesario de una creencia verdadera y fe en Cristo. Y unió el creer y ser bautizado con un eslabón inseparable.

El apóstol Pedro sabía a ciencia cierta la necesidad que tienen aquéllos que creen en Cristo, de ser bautizados por alguien con autoridad para hacerlo. Cuando dio el gran sermón del día de Pentecostés, la gente que lo escuchaba realmente se conmovió en sus corazones y dijeron: "Varones hermanos que haremos?" Hechos 2:38 y 41 nos dice de la respuesta que dio Pedro:

> *Arrepentíos, y bautícese cada uno de vosotros en el nombre de Jesucristo para perdón de los pecados;* y recibiréis el don del Espíritu Santo . . . Así los que recibieron su palabra *fueron bautizados;* y se añadieron aquel día como tres mil personas.

¿Alguna vez se han puesto ustedes a reflexionar el desgaste físico que significa sumergir a tres mil personas? Si el bautismo no hubiese sido una ordenanza necesaria, ¿creen ustedes que se hubiesen molestado en hacer todos estos bautismos? Claro que no. Pero Pedro y sus compañeros sabían que el bautismo por inmersión, efectuado por aquéllos que tienen la autoridad, era una ordenanza necesaria que sus conversos tenían que recibir, si querían cumplir con toda Justicia. Así que efectuaron esta sagrada ordenanza tres mil veces.

Y fue Pedro quien vivió esa gran experiencia con Cornelio. El Espíritu Santo fue derramado sobre Cornelio y su casa, como una señal para Pedro de que los gentiles también podían recibir el evangelio. Pero aún cuando esta gran señal fue manifestada por medio de ellos, Pedro sabía que Cornelio y su casa tenían que ser bautizados por alguien con la autoridad. En Hechos 10, versículos 47 y 48 leemos la instrucción de Pedro a Cornelio en la que dijo: "*¿Puede acaso alguno impedir el agua para que no sean bautizados* estos que han recibido el Espíritu Santo también como nosotros? *Y mandó bautizarles* en el nombre del Señor Jesús".

En Primera de Pedro 3:21, Pedro nos dice que el bautismo es esencial como el medio por lo cual nos convertimos en candidatos para la salvación y para cosechar los frutos de la expiación de Jesucristo, al darnos la gran bendición de tener una conciencia libre de pecado. Él dijo: "El bautismo que corresponde a esto ahora nos salva (no quitando las inmundicias de la carne sino como la aspiración de una buena conciencia hacia Dios) por la resurrección de Jesucristo. Él sabía que el bautismo efectuado por alguien con la debida autoridad era una ordenanza esencial que el hombre necesita para poder ser salvo en el reino de Dios.

El apóstol Pablo vio al Jesucristo resucitado en el camino a Damasco. Ciertamente, si el bautismo no hubiese sido un requerimiento necesario del plan del Evangelio de Cristo, esa gran visión hubiese sido suficiente para que Pablo fuese un candidato a la salvación. Pero todavía, el Señor mandó a Ananías, su siervo autorizado a Pablo. Ananías puso sus manos sobre la cabeza de Pablo y le quitó su ceguera, y después, bajo la dirección de Ananías, Pablo fue bautizado. Leemos en Hechos 9:18 que después de que Pablo recibió la administración curativa de Ananias: "Y al momento le cayeron de los ojos como escamas, y recibió al instante la vista; y levantándose, *fue bautizado*".

En sus sermones Pablo hacia referencia a la estrecha relación entre el bautismo autorizado y el principio de creer en Cristo para la salvación. Por ejemplo, durante su segundo viaje misional, cuando estaba en Macedonia, él y su compañero fueron encarcelados. El Señor mandó un temblor que les permitió quedar libres. El carcelero se les acercó y les suplicó, pensando que estaba a punto de ser destruido por los prisioneros. Leemos acerca de este incidente en Hechos capitulo 16, versículos 30 al 33.

> Sacándolos les dijo: ¿Señores que debo hacer para ser salvo? Ellos le dijeron: Cree en el Señor Jesucristo, y serás salvo, tú y tu casa. Y le hablaron la palabra del Señor a él y a todos lo que estaban en su casa. Y él, tomándolos en aquella misma hora de la noche, les lavó las heridas; y *en seguida se bautizó él con todos los suyos.*

Pablo enseñó que el Bautismo es el acto por medio del cual aceptamos a Cristo. Leemos las enseñanzas de Pablo en Gálatas 3:27: "porque todos los que habéis sido bautizados en Cristo, de Cristo estáis revestidos." Pablo continúa con este tema en su epístola a los Romanos diciendo en el Capitulo 6, versículos 3 y 4:

> ¿O no sabéis que *todos los que hemos sido bautizados en Cristo Jesús hemos sido bautizados en su muerte?* Porque *somos sepultados juntamente con él* para muerte *por el bautismo,* a fin de que como Cristo resucitó de los muertos por la gloria del Padre, así también nosotros andemos en vida nueva.

Pablo con frecuencia recalcaba que sólo había una sola iglesia de Jesucristo y un sólo bautismo válido. Decía que los santos tendrían que venir a esa Iglesia y ser unificados en ella para ser merecedores de la salvación por medio de

Cristo. En Efesios 4:3 al 5 Pablo escribió que los santos estarían: "Solícitos en guardar la unidad del Espíritu en el vínculo de la paz; un cuerpo, y un Espíritu, como fuisteis también llamados en una misma esperanza de vuestra vocación; *un Señor, una fe, un bautismo.*"

Hechos 19:1-6 nos dice de un suceso importante que sucedió durante el tercer viaje misional de Pablo. Pablo encontró a un grupo de personas que habían sido bautizadas, pero no en la Iglesia de Jesucristo, sino sólo en el bautismo de Juan. Pablo sabía que el bautismo de Juan no les permitía tener el don del Espíritu Santo, así que insistió en que deberían de ser bautizados nuevamente. Leamos juntos esta historia:

> Aconteció que mientras tanto que Apolos estaba en Corinto, Pablo después de recorrer las regiones superiores, vino a Efeso, y hallando a ciertos discípulos, les dijo: *¿Recibisteis el Espíritu Santo cuando creísteis?* Y ellos le dijeron: *Ni siquiera hemos oído si hay Espíritu Santo.* Entonces dijo: ¿En qué, pues, fuisteis bautizados? Ellos dijeron: en el bautismo de Juan. Dijo Pablo: Juan bautizó con bautismo de arrepentimiento, diciendo al pueblo que creyesen en aquel que vendría después de él, esto es en Jesús el Cristo. Cuando oyeron esto *fueron bautizados en el nombre del Señor Jesús. Y habiéndoles impuesto Pablo las manos, vino sobre ellos el Espíritu Santo;* y hablaron en lenguas y profetizaron.

Aquí vemos pues a un grupo de personas que había recibido el bautismo sin la debida autoridad, o la debida preparación o instrucción. No habían sido bautizados dentro de la Iglesia verdadera de Jesucristo. Pablo sabía que era necesario que ellos fuesen bautizados nuevamente por alguien que tuviera la autoridad de un representante de la Iglesia de Jesucristo. Los bautizó con esa autoridad y después por medio de la imposición de manos recibieron el don del Espíritu Santo.

La Autoridad Verdadera del Sacerdocio es Necesaria Para que el Hombre Pueda Realizar Ordenanzas que Son Aceptadas por Dios

Revisemos algunos de estos pasajes Bíblicos que nos muestran la necesidad de la autoridad para obrar en el ministerio de Cristo. Recuerdan lo que el libro de Hebreos capitulo 5 versículo 4 nos dice: "*Y nadie toma para sí esta honra,* sino el que es llamado por Dios, como lo fue Aarón." El capitulo 28 de Exodo nos dice la manera en que Aarón fue llamado al ministerio. En el versículo 41 leemos como se le otorgó la autoridad del Sacerdocio.

Nótese las implicaciones del mandamiento en Hebreos 5:4 que ningún hombre puede tomar esta autoridad por sí mismo, sino que se le debe ser conferida por alguien que ya posea esta autoridad, tal como Aarón tuvo que ser ordenado por Moisés. Por ejemplo, un hombre no puede decidir que al asistir a una universidad teológica y estudiar arduamente, y por este sólo hecho, tiene la autoridad para convertirse en un ministro autorizado del evangelio de Jesucristo. Se tiene que recibir esa autoridad de alguien que ya posee el sacerdocio y que tiene la autoridad para obrar en nombre de Dios. Este poder se encuentra solamente en la Iglesia de Jesucristo, no la encontraremos en ninguna escuela teológica del mundo.

Recuerden lo que Pablo dijo a Timoteo cuando escribió en Primera de Timoteo 4:14, "No descuides el don que hay en tí, que te fue dado *mediante profecía* con *la imposición de las manos del presbiterio.*" Pablo sabía que la ordenación al sacerdocio era una ordenanza sagrada y necesaria y que no debía tomárselo ligeramente. Le dijo a Timoteo en el capitulo 5, versículo 22 de primera de Timoteo: "No impongas con ligereza las manos a ninguno . . ." En Segunda de Timoteo 1:6, Pablo le recuerda a su discípulo la necesidad de utilizar el poder del sacerdocio con cuidado y efectividad, diciendo: "Por lo cual te aconsejo que avives el fuego del Don de Dios *que está en tí por la imposición de mis manos.*" Por lo tanto, Timoteo había sido ordenado por Pablo. Había recibido la autoridad para actuar en el nombre de Dios, de alguien que ya poseía esta autoridad y esta es la única manera de obtener el poder del sacerdocio. No se recibe por el sólo hecho de haberse graduado en una escuela ministerial.

El libro de los Hechos menciona diferentes ejemplos donde los hombres que no poseían el sacerdocio intentaron usar el poder de Dios y fueron reprendidos fuertemente. Hechos 19:13 al 16, por ejemplo, habla de los siete hijos de Esceva:

> Pero algunos de los Judíos exorcistas ambulantes, *intentaron invocar el nombre del Señor Jesús sobre los que tenían espíritus malos, diciendo:* Os conjuro por Jesús el que predica Pablo. Y había siete hijos de un tal Esceva, judío, jefe de los sacerdotes que hacían esto. Pero respondiendo el espíritu malo dijo: *a Jesús conozco, y sé quien es Pablo; pero ¿vosotros quienes sois?* Y el hombre en quien estaba el espíritu malo, saltando sobre ellos y dominándolos, pudo más que ellos, de tal manera que huyeron de aquella casa desnudos y heridos.

En el capítulo 8 de Hechos, nos habla de Simón, un hechicero que se había convertido a la iglesia. La historia dice que el ya era miembro pero que no poseía el sacerdocio. Cuando Simón vio a dos de los Apóstoles llegar a Samaria y poner sus manos sobre la cabeza de las personas a fin de conferirles el Espíritu Santo, quiso con gran anhelo poder hacer lo mismo. Simón les ofreció dinero a los apóstoles intentando comprar el poder del Sacerdocio.

La historia de cómo Pedro lo reprendió comienza en Hechos 8 versículo 18, que dice:

> Cuando vio Simón que por la imposición de manos de los apóstoles se daba el Espíritu Santo, les ofreció dinero; diciendo: Dadme también a mí este poder, para que a cualquiera a quien yo impusiere las manos reciba el Espíritu Santo. Entonces Pedro le dijo: Tu dinero perezca contigo, porque has pensado que el don de Dios se obtiene con dinero. No tienes tú parte ni suerte en este asunto, porque tu corazón no es recto delante de Dios. Arrepiéntete pues de esta tu maldad, y ruega a Dios, si quizás te sea perdonado el pensamiento de tu corazón; porque en la hiel de amargura y en prisión de maldad creo que estás.

Entonces Simón, pensó que podía pagar dinero y así obtener el privilegio de ser un siervo autorizado; pero aprendemos de este recuento que esta no es la manera en la que se delega este sacerdocio al hombre.

El Señor Jesucristo enseñó que habría muchos que intentarían actuar en su nombre, sin la debida autoridad del sacerdocio, y advirtió que éstos no serían parte de su reino. Mateo 7:21-23 contiene la advertencia que dice:

> *No todo el que me dice Señor, Señor entrará en el reino de los cielos, sino el que hace la voluntad de mi Padre* que esta en los cielos. Muchos me dirán en aquel día: Señor, Señor, no profetizamos en tu nombre y en tu nombre echamos fuera demonios y en tu nombre hicimos muchos milagros? Y entonces les declararé: *Nunca os conocí; apartaos de mí, hacedores de maldad.*

Lucas 13:23-28 dice cómo Jesús se reunió con algunos de sus adversarios, los cuales lo provocaron y le tentaron diciendo,

> Señor, ¿son pocos los que se salvarán? Y él les dijo: *Esforzaos a entrar por la puerta angosta; porque os digo que muchos procurarán entrar, y no podrán.* Después que el padre de familia se haya levantado y cerrado la puerta, y estando fuera empecéis a llamar a la puerta, diciendo: Señor, Señor, ábrenos, él respondiendo os dirá: *No sé de dónde sois.* Entonces comenzaréis a decir: Delante de ti hemos comido y bebido, y en nuestras plazas enseñaste. Pero os dirá: Os digo que *no sé de dónde sois; apartaos de mí todos vosotros, hacedores de maldad.* Allí será el llanto y el crujir de dientes, cuando veáis a Abraham, a Isaac y a Jacob y a *todos los profetas en el reino de Dios, y vosotros estéis excluidos.*

Tal y como hemos visto, el Señor ha dicho que la única manera en que uno puede entrar en su rebaño—es decir su Iglesia—es por medio del bautismo efectuado por una persona que tenga la autoridad del Sacerdocio. Y la forma en que uno llega a estar autorizado para trabajar en el ministerio de Cristo y llegar a ser poseedor de la autoridad del Sacerdocio para actuar en el nombre de Dios, es a través de la ordenación al sacerdocio por otro que ya previamente tiene dicha autoridad.

En Juan 10:1-5, el Señor dijo:

> De cierto, de cierto os digo: *El que no entra por la puerta en el redil de las ovejas, sino que sube por otra parte, ése es ladrón y salteador.* Mas el que entra por la puerta, el pastor de las ovejas es. A éste abre el portero, y las ovejas oyen su voz; y a sus ovejas llama por nombre, y las saca. Y cuando ha sacado fuera todas las propias, va delante de ellas: y las ovejas le siguen, porque conocen su voz. Mas *al extraño no seguirán, sino huirán de él,* porque no conocen la voz de los extraños.

Hebreos 13:8 nos dice que Jesucristo es el mismo "ayer, hoy y por los siglos." Podemos regresar a los días del Antiguo Testamento y saber lo que piensa Dios respecto de las ministraciones sin autorización por aquellos que intentan obrar en su nombre pero no tienen autoridad. El capítulo 16 de Números nos habla acerca de la rebelión de Coré y de sus 250 seguidores. Ellos se unieron en contra de Moisés y Aarón y dice, "Basta ya de vosotros! Porque toda la congregación, todos ellos son santos, y en medio de ellos está Jehová; ¿porqué, pues, os levantáis vosotros sobre la congregación de Jehová?" Moisés les dijo que fueran hasta él y desafiaran su poder. Él hizo que todos los seguidores de Coré se reunieran en el campamento y todo el resto del pueblo de Israel se reunieron para ver. Y luego en los versículos 32 y 33 nos dice que

> *abrió la tierra su boca, y los tragó a ellos, a sus casas, a todos los hombres de Coré, y a todos sus bienes.* Y ellos, con todo lo que tenían, descendieron vivos al Seol, y los cubrió la tierra, y perecieron de en medio de la congregación.

Y continúa diciendo que "también salió fuego delante de Jehová, y consumió a los doscientos cincuenta hombres que ofrecían el incienso." El Señor estableció claramente a Moisés como su representante autorizado, y se libró de aquéllos que se rebelaron contra su poder del sacerdocio.

Primera de Crónicas 13:10 habla sobre lo que le sucedió a Uza, quien intentó mantener firme el arca del convenio. Cuando los bueyes tambalearon mientras el arca estaba siendo transportada, Uza, quien no tenía autoridad para hacerlo, se estiró y sostuvo el arca "Y el furor de Jehová se encendió contra Uza, y lo hirió, porque había extendido su mano al arca; y murió allí delante de Dios". Ustedes recordarán que en Números 4:15 Jehová había advertido a su pueblo que "no tocarán cosa santa, no sea que mueran." Uza, quien no tenía autoridad de Dios, violó este sagrado mandamiento.

El capítulo 13 de primera de Samuel, nos dice como Saúl que había sido ungido rey sobre Israel, usurpó autoridad del sacerdocio y realizó una ofrenda de sacrificio, la cual el no estaba autorizado a hacer. Los versículos 13 y 14 nos dicen que Samuel reprendió a Saúl diciendo:

> *Locamente has hecho; no guardaste el mandamiento de Jehová tu Dios* que él te había ordenado; pues ahora Jehová hubiera confirmado tu reino sobre Israel para siempre. Mas ahora tu reino no será duradero. Jehová se ha buscado un varón, conforme a su corazón, al cual Jehová ha designado para que sea príncipe sobre su pueblo, por cuanto tú no has guardado lo que Jehová te mandó.

Así Saúl cayó de la posición de rey que tenia, por haber usurpado la autoridad del sacerdocio.

Segunda de Crónicas 26 habla de Uzías el rey de Judá que fue un rey muy valiente, pero el Señor lo hirió con lepra por haber intentado oficiar en ordenanzas del sacerdocio sin la debida autoridad. El recuento comienza en el versículo 16 diciendo:

> Mas cuando ya era fuerte, su corazón se enalteció para su ruina: porque *se rebeló contra Jehová su Dios, entrando en el templo de Jehová para quemar incienso en el altar del incienso.* Y entró tras el sacerdote Azarías y con el ochenta sacerdotes de Jehová, varones valientes. Y se pusieron contra el rey Uzías, y le dijeron: *no te corresponde a ti, oh Uzías, el quemar incienso a Jehová, sino a los sacerdotes hijos de Aarón, que son consagrados para quemarlo.* Sal de santuario, porque has prevaricado, y no te será para gloria delante de Jehová Dios. Entonces Uzías, teniendo en la mano un

> incensario, para ofrecer incienso, se llenó de ira; y en su ira contra los sacerdotes, *la lepra le brotó de la frente,* delante de los sacerdotes en la casa de Jehová, junto al altar del incienso. Y le miró el sumo sacerdote Azarías, y todos los sacerdotes, y he aquí la lepra estaba en su frente; y le hicieron salir apresuradamente de aquel lugar; y él también se dio prisa a salir, porque *Jehová lo había herido.* Así el rey Uzías fue leproso hasta el día de su muerte, y habitó leproso en una casa apartada, por lo cual fue excluido de la casa de Jehová; y Jotam su hijo tuvo cargo de la casa real, gobernado al pueblo de la tierra.

Aquí vemos pues otro ejemplo de lo que les sucede a aquéllas personas que intentan hacer uso del sacerdocio sin la debida autorización de Dios. Lo mismo sucedió en el Antiguo Testamento, en el Nuevo Testamento y aún hoy en día. Y aún cuando hay muchos que dicen ser predicadores, o ministros o simples obreros de Dios, si ellos no tienen el sacerdocio, y no han sido ordenados por alguien que ya tiene esta autoridad, son usurpadores y no tendrán lugar en el reino de Dios en el último día. Por lo tanto, no son intérpretes autorizados de las escrituras, ni tienen la autoridad para enseñar la doctrina correcta de Dios, y mucho menos para conceder la salvación.

Quizá mi mensaje puede resumirse de una mejor forma si cito las palabras de Jesucristo mismo en el Sermón del Monte, cuando habló acerca de aquéllos que obrarán sin autoridad. Él invitó a la multitud a entrar por la puerta estrecha, la estrecha puerta que conduce a la vida eterna. Él dijo, comenzando con el versículo 13 del capítulo 7 de Mateo:

> *Entrad por la puerta estrecha;* porque ancha es la puerta, y espacioso el camino que lleva a la perdición y muchos son los que entran por ella; porque estrecha es la puerta y angosto el camino que lleva a la vida y

> pocos son los que la hallan. *Guardaos de los falsos profetas,* que vienen a vosotros con vestidos de ovejas, pero *por dentro son lobos rapaces. Por sus frutos los conoceréis;* ¿Acaso se recogen uvas de los espinos, o higos de los abrojos? Así todo buen árbol da buenos frutos, pero *el árbol malo da frutos malos.* No puede el buen árbol dar malos frutos, ni el árbol malo dar frutos buenos. *Todo árbol que no da buen fruto, es cortado y echado en el fuego. Así que por sus frutos los conoceréis.*

En otro cassette, *Pruebas Bíblicas de la Iglesia Restaurada,* cito una gran variedad de profecías canónicas, que muestran que habría una apostasía, una separación o caída, en la cual la autoridad para obrar en nombre de Dios sería retirada de la tierra. Muestro que la autoridad sería retirada por completo, y que la única forma de que este poder pudiera volver a la tierra sería por medio de una restauración. Y después, muestro una cantidad importante de profecías que nos llevan paso a paso por todo el proceso de la restauración. Indico cómo se efectuó la restauración en estos últimos días, y que sólo La Iglesia de Jesucristo de los Santos de los Ultimos Días tiene el poder del sacerdocio restaurado y por ende, el poder para obrar en el nombre de Dios.

Les Hago una Invitación: Entren por la Puerta Estrecha que Lleva la Vida Eterna

Hemos hablado extensamente de la necesidad de tener la autoridad y de la necesidad de encontrar la Iglesia de Jesucristo. Las sagradas ordenanzas que se efectúan en esta iglesia son esenciales para todos los hombres si desean algún día morar en el reino de Dios. Espero que consideren seriamente los pasajes de las escrituras que hemos visto. Mediten sobre la necesidad de recibir aquéllas ordenanzas esenciales, por personas que tengan la autoridad para ministrar en el nombre de Dios.

Cuídense de las falsedades que existen. Cuídense de los hombres que no tienen la autoridad, que dicen que ésta no es necesaria, que no hay necesidad de ser bautizado por alguien con la debida autoridad, y que no es necesario recibir la imposición de manos para recibir el Espíritu Santo por alguien que posee la autoridad del sacerdocio. Estas son doctrinas falsas que pueden apartarles de su salvación. Cuídense de esa doctrina apóstata que dice que la Iglesia no es esencial, que la iglesia es sólo una organización social, y que hay muchas Iglesias que son aceptadas ante los ojos de Cristo. Pablo dijo: "*Un* Señor, *una* fe, *un* bautismo". Y él verdaderamente declaraba la doctrina del Señor Jesucristo.

Mediten profundamente sobre lo que he hablado y considérenlas total- y plenamente. Oren y busquen la guía del Señor para que puedan comprender que son verdaderas y las apliquen en sus vidas diarias. Busquen a aquéllos que tengan el poder para obrar en el nombre de Dios, o sea, el sacerdocio mencionado en las escrituras con tanta frecuencia.

Les dejo mi testimonio, que el sacerdocio lo pueden encontrar en los representantes autorizados de La Iglesia de Jesucristo de los Santos de los Últimos Días. Si ustedes les permiten guiarles y dirigirles, encontrarán la salvación que tanto desean encontrar. De esto testifico en el nombre de nuestro Señor y Salvador Jesucristo. Amen.

José Smith: Un Verdadero Profeta de Dios

Agradezco la oportunidad que se me brinda para hablarles acerca de un gran hombre y también para explicarles los logros que tuvo durante su vida los cuales muestran que Dios lo guió y lo dirigió y lo utilizó como profeta para guiar a los pueblos de la tierra en estos últimos días.

Ese hombre fue José Smith, el profeta Mormón, cuya vida fue extinta por manos asesinas a la temprana edad de 38 años y medio. Sin embargo, durante su vida terrenal logró mucho más de lo que la mayoría de nosotros hubiésemos logrado si habríamos vivido doce veces más que él.

José Smith—Un Hombre de Grandes Logros e Influencia

Empezaré con un breve resumen de todas sus realizaciones que son notables y que incluyeron 17 diferentes campos de actividad.

Primero: Los Santos de los Ultimos Días consideran a José Smith como un **Profeta, Vidente** y **Revelador.** Este fue su mas grande llamamiento. Mi presencia esta noche tiene como objeto proporcionarles evidencia y testimonio de que realmente fue un profeta y el portavoz de Dios aquí en la tierra.

Segundo: José fue un **Organizador Eclesiástico y un Líder** Religioso. Organizó La Iglesia de Jesucristo de los Santos de los Últimos Días. Fue un administrador capaz, que se preocupó por las necesidades tanto espirituales como temporales de su pueblo. La organización eclesiástica que estableció ha sido considerada durante mucho tiempo como un modelo de eficiencia y aún hoy día funciona de manera efectiva y sigue dirigiendo a la Iglesia después de 150 años. La iglesia fundada por él cuenta con más de once millones de miembros y es una de las que tiene un mayor crecimiento en el mundo en la actualidad.

Tercero: José fue un **Educador.** A pesar de haber recibido sólo una educación básica en escuelas públicas, José Smith fue autodidacta y sabía la importancia de una educación apropiada. Estableció escuelas para la juventud de la Iglesia en los estados de Ohio, Missouri e Illinois. Fue el iniciador del movimiento de educación para adultos en los Estados Unidos y estableció la primera escuela para adultos en América. Estudió Hebreo y consiguió un instructor para enseñar el idioma Hebreo a otros líderes de la Iglesia. Cuando se preparó la cartografía de la Ciudad de Nauvoo, Illinois, él propició medidas y se manifestó en pro del establecimiento de una Universidad, diciendo que: "la Universidad de la Ciudad de Nauvoo nos permitirá enseñar a nuestros hijos sabiduría e instruírlos en todo el conocimiento y aprendizaje en las artes, **las ciencias y profesiones doctas".** José buscaba que su pueblo estuviese siempre mejor educado tanto en las cosas de Dios como en las cosas de los hombres y advirtió: "Es imposible que el hombre se salve en la ignorancia".

Cuarto: José Smith fue un **Autor:** Como siervo inspirado del Señor, José dio a conocer el *Libro de Mormón, Doctrina y Convenios* y *la Perla de Gran Precio.* También escribió una historia de la Iglesia exacta y comprensiva, que incluye más de 3,000 páginas impresas y numerosos artículos en los primeros periódicos de la Iglesia. Existe una gran cantidad de personas que han producido material escrito en grandes cantidades, sin embargo no ha habido literatura alguna escrita que supere la grandeza y profundidad del material escrito por el Profeta.

Quinto: José Smith fue el **Editor** de los periódicos de la Iglesia, el *Times and Seasons,* durante aproximadamente un año, iniciando en febrero de 1842. Continuó en esa misma posición hasta en tanto las exigencias de gran responsabilidad en los asuntos de la Iglesia hicieron que dejara su puesto. Durante el período que José fungió como editor, el periódico contribuyó en forma importante a la historia y doctrina de la Iglesia, incluyendo la primera publicación del Libro de Abraham, la carta Wentworth, el inicio de la *Historia de la Iglesia,* etc.

Sexto: José Smith fue un **Historiador.** En su vida adulta, José fue extremadamente cuidadoso en mantener un recuento exacto, tanto de sus actividades personales como de los compromisos de la Iglesia. Su testimonio publicado abarca seis volúmenes prolijos y se ha encontrado ser altamente preciso. No sólo guardaba registros, sino que se encargó de que otros fuesen nombrados historiadores de la Iglesia. A causa de estudiar el *Libro de Mormón,* José también llegó a ser una autoridad en la historia de la antigua América. Los hallazgos de arqueólogos en las décadas recientes han respaldado claramente las declaraciones históricas hechas por José Smith hace más de 100 años.

Séptimo: José Smith fue un **Traductor:** Mediante la inspiración dada a través del Urim y Tumim, José tradujo el *Libro de Mormón.* También tradujo el Libro de Abraham de antiguos papiros y el Registro de José. Otra importante contribución de José Smith fue la *Revisión Inspirada de la Santa Biblia.* Las traducciones hechas por él son una contribución muy preciada en el terreno de la teología y del entendimiento religioso.

Octavo: José Smith fue un **Docto** en la Biblia. Poseía un entendimiento profundo de la Biblia. En repetidas ocasiones daba explicaciones y exégesis de pasajes de las escrituras, y se manejaba perfectamente en debates con ministros. Aprendió el idioma Hebreo y estuvo capacitado para formular el significado original de los pasajes tal como se encontraron en manuscritos antiguos. Parece ser que también estuvo familiarizado en forma íntima, con muchos de los personajes Bíblicos porque habían aparecido ante él en visiones. Dejó un registro de sus comunicaciones con personajes tan admirables como Adán, Seth, Abraham, Elías, Juan el Bautista, Pedro, Santiago, Juan, Pablo y de los doce discípulos de Jesucristo. ¿No es algo maravilloso que fuese un docto de la Biblia con fuentes como éstas?

Noveno: José Smith fue un gran **Maestro:** La efectividad de un maestro se juzga a menudo por el tipo de personas que lo siguen y se adhieren a sus enseñanzas. Los seguidores de José fueron eruditos como Sidney Rigdon, Orson Pratt, John Taylor y Willard Richards; grandes líderes como Brigham Young, Heber C. Kimball y Charles C. Rich; y grandes maestros y teólogos como Wilford Woodruff y Parley P. Pratt. También lo seguía gente común y se mantenían fieles a cada una de las cosas que decía. Muy pocos maestros han tenido tantos seguidores que hayan registrado en forma cuidadosa los comentarios y enseñanzas de su mentor como los tuvo José Smith. Fue un gran orador y un maestro, y era capaz de mantener a sus audiencias embelesadas durante largos períodos de tiempo—conmoviéndolas hasta la risa o el llanto- pero principalmente para motivarlos a cambiar sus vidas.

Décimo: José Smith fue un **Filósofo.** A excepción del Salvador, ningún otro hombre ha hecho tanto a fin de proporcionar a la humanidad una respuesta realista y exacta a las grandes preguntas de la vida como lo hizo José Smith. Definió al mundo la naturaleza de Dios y en contraste, la naturaleza y la realidad de Satanás. Dio a la humanidad un entendimiento claro de la vida antes de venir a la tierra; el propósito de la vida terrenal, la naturaleza de la muerte así como de la resurrección y la vida después de ésta. Definió la relación del hombre con Dios y reveló las posibilidades que tiene la humanidad en la vida venidera. Contestó la añeja pregunta: "¿Qué es la verdad?" y reveló aquéllas virtudes que llevarán al hombre a un bienestar mayor y que le permitan hacer el mayor bien a sus semejantes. Fue el portavoz de Dios, y como portavoz, trajo las soluciones a los problemas sobre los cuales infinidad de filósofos han debatido durante siglos. Su contribución a la filosofía fue inmensa.

Décimo primero: José Smith fue un **Urbanista:** En 1833 José trazó un plano para la propuesta Ciudad de Sión, el cual contemplaba amplias avenidas con carreteras convergiendo hacia los cuatro puntos del compás. Disponía de lugares para negocios y para la iglesia a unas cuantas cuadras de cada hogar; la restricción de edificios de aspecto desagradable en áreas frontales, así como terrenos para casas con grandes patios para jardines u otras necesidades domésticas. El Plano de urbanización trazado por el Profeta se utilizó como base para "la ciudad hermosa" de Nauvoo, Illinois. Su plano también sirvió como modelo para muchas de las ciudades del occidente que los Santos establecieron.

Décimo segundo: José Smith fue un **Arquitecto:** José Smith realizó los planos preliminares y el diseño para los templos de Kirtland, Nauvoo y Jackson County. También supervisó la mayor parte de la construcción de los templos construidos durante su vida. Fue un trabajo hecho por inspiración, dado que José dijo cómo había visto el Templo de Nauvoo en una visión e insistió en que el edificio fuese construido como se le había mostrado por revelación.

Décimo tercero: José Smith fue un **Líder Cívico y Político.** José Smith fue nombrado presidente municipal de Nauvoo en 1842 y él desarrolló y convirtió a la ciudad en la más grande de Illinois. La carta trazada para la ciudad fue un trabajo monumental, que sirvió para proteger a su gente y promover el crecimiento rápido de la ciudad.

En 1844 fue candidato a la presidencia de los Estados Unidos. Los santos entonces no habían encontrado a un candidato presidencial de quien pudiesen esperar un trato justo. También se encontraban en una posición difícil en la política local: debido a que eran bastantes y tenían suficiente poder de voto para elegir o derrotar a cualquiera de los dos partidos en la política estatal, pero sabían que si apoyaban a un cierto partido, esto les atraería un trato áspero y persecución de aquéllos a quienes no habían apoyado. Debido a esta situación y porque conllevaría publicidad a nivel nacional lo que serviría para ampliar y favorecer los esfuerzos misionales de la Iglesia, José fue candidato presidencial de los Estados Unidos. Su plataforma a largo plazo incluía reformas al sistema carcelario, un plan para la abolición de la esclavitud, revisión de los métodos para el trato a desertores de la milicia, un sistema bancario nacional, la anexión de Oregon y Texas, facultad presidencial para suprimir las chusmas, una mayor economía en el gobierno, y la reducción de la proporción de remuneración del Congreso. Su muerte prematura sobrevino durante la campaña y le impidió llevar su caso a los comicios.

Décimo cuarto: José Smith fue un **Líder Militar.** José fue responsable de dos grandes acciones militares. La primera en 1843 cuando encabezó a un grupo de doscientos cinco soldados Mormones durante una marcha de 1,000 millas de Kirtland, Ohio a Independence, Missouri. El grupo conocido como Zion's Camp, buscaba volver a establecer a los Santos en sus hogares de donde habían sido sacados por la chusma. Después, el Profeta llegó a ser un general en la milicia estatal de Illinois y comandante de la Legión de Nauvoo. Bajo su dirección, la legión se convirtió en una unidad altamente disciplinada y capaz, y era el orgullo de la milicia estatal.

Décimo quinto: José Smith fue un **Economista.** Su contribución en el campo de la economía fue muy vasta. En 1831 estableció la Orden Unida—un plan de vida comunal que funcionó en Thompson, Ohio así como en otras comunidades. En 1836 ideó un sistema bancario especial basado en pagarés, lo cual ayudó durante un tiempo a resolver las necesidades en la economía de los Santos, la cual se extendía en forma rápida hacia Kirtland, Ohio. Cuando los Santos comenzaron a edificar la ciudad de Nauvoo, José los dirigió. Establecieron granjas comunales, tiendas y fábricas a fin de fomentar el crecimiento de la comunidad. José vio la importancia de la manufactura e hizo énfasis en el hecho de que éste sería el medio para evitar la pobreza y el desempleo en Nauvoo. El Profeta entendía de finanzas, y pudo aplicar los principios de economía para el bienestar de su pueblo.

Décimo sexto: José fue un **Científico.** Se interesaba en la astronomía y reveló grandes cosas en relación a varios planetas, el sistema de revoluciones que gobernaba su tiempo así como la naturaleza de la luz. Entendía la naturaleza de la creación de la tierra y habló acerca de la naturaleza eterna de los elementos. Produjo innumerables enseñanzas concernientes a las culturas Americanas antiguas, así como la existencia de los metales, el cemento y animales como el caballo y los elefantes y tales enseñanzas han sido comprobadas por arqueólogos y antropólogos. La Palabra de Sabiduría, el código de salud de los Mormones fue también una contribución científica hecha por el profeta José Smith.

Décimo séptimo: José fue un gran **Humanista.** José Smith buscó siempre el bienestar de la humanidad. Su plataforma política contemplaba reformas para la absolución de los convictos; su plataforma política haría que las penitencias fuesen "seminarios de aprendizaje". Su plan también contemplaba el pago por parte de los dueños de los esclavos a fin de que éstos pudiesen ser liberados. Buscó la eliminación de las clases sociales y sostenía que los gobiernos deberían "hacer menos distinción entre la gente". La súplica de José fue de que el gobierno debería "otorgar a cada hombre su libertad constitucional". Aparte de su plataforma política, sus ideas humanitarias fueron también expresadas de otras maneras, como por ejemplo: fue un defensor de los derechos de la mujer, y la organización de la Sociedad de Socorro de Nauvoo en 1842 fue un acto que sobrepasó en mucho, a otros movimientos para el bienestar de la mujer en los Estados Unidos.

¿Qué Americano en la Historia Ha Ejercido una Influencia Más Poderosa Sobre Sus Compatriotas?

Verdaderamente, José Smith fue un hombre extraordinario -una persona de logros asombrosos, que en su corta vida hizo mucho más de lo que el resto de nosotros probablemente pudiésemos lograr. Josiah Quincy, un no-miembro de la iglesia escribió lo siguiente acerca del Profeta Mormón, sólo un mes y medio antes de su muerte:

> 15 de mayo de 1844
>
> No es de ninguna manera improbable que en algún libro de texto que en el futuro usarán generaciones todavía por nacer, habrá esta pregunta: *¿Qué Americano en la historia americana del siglo diecinueve ha ejercido una influencia más poderosa en los destinos de sus coterráneos?* Y sin lugar a dudas la respuesta no podría ser otra que José Smith, el Profeta Mormón. Y tan absurda como pueda parecer la respuesta a la mayoría de las personas en la actualidad,

> sería obviamente un lugar común para sus descendientes. La historia está hecha de sorpresas y paradojas, tan sorprendente como ésta.[1]

Sin embargo estoy aquí para hablarles no sólo de los logros tan importantes que este gran hombre tuvo en el campo del aprendizaje temporal y empeño, sino para darles testimonio de que José Smith fue en verdad un profeta de Dios, el portavoz de Dios aquí en la tierra llamado para transmitir instrucciones divinas al mundo.

Mi deseo es compartir con ustedes algunas de las profecías hechas por José Smith que se han cumplido y también algunas de las experiencias tan notables que sucedieron durante su vida que muestran que verdaderamente estaba siendo guiado y dirigido por Dios.

Cumplimiento de las Profecías— La Prueba de un Profeta

Pero déjenme leerles primeramente, algo que escribí al principio de mi libro "Las Profecías de José Smith" que habla de cómo saber si un profeta es un profeta verdadero de Dios.

Dos hombres estaban parados afuera de la casa del Señor ante una gran congregación ávida por escuchar. El momento era muy tenso, dado que cada uno de ellos iba a hacer una declaración importante en un asunto de importancia nacional. La audiencia Judía sabía que ambos afirmaban ser profetas—portavoces del Señor, Dios de Israel, sin embargo sus mensajes eran opuestos. Uno de

---

1. *Church News,* 29 de diciembre de 1962, pág. 6, como se cita en el libro del Autor *Las Profecías de José Smith,* (Bountiful, Utah: Editorial Horizon, 1963), páginas 37-38 (Referencias adicionales sobre la fuente se indicarán como PJS).

ellos llamado Hananiah, habló sobre la paz y prometió que en dos años terminaría la opresión que sufrían por parte del enemigo del norte. El otro llamado Jeremías, desafió sus palabras y dijo que la opresión continuaría. ¿Cuál mensaje era el verdadero? Obvio era el hecho de que alguno de estos dos hombres no era un siervo de Dios, sino un impostor—un actor político puesto para engañar al pueblo. ¿Cómo podría saber la congregación a quién seguir y obedecer? Entonces Jeremías propuso lo siguiente:

> *Cuando se cumpla la palabra del profeta, entonces será conocido como el profeta que Jehová en verdad envió.*[2]

Por lo tanto, un siervo de Dios claramente aplicó la prueba que identificaría a un profeta verdadero del Señor—**las cosas que profetice se cumplirán.** Que prueba tan sencilla, y es la voluntad de Dios que la apliquemos, porque el Señor ha revelado previamente su opinión sobre los profetas falsos y los verdaderos:

> Porque el profeta que tuviere la presunción de hablar palabra en mi nombre, a quien no le haya mandado hablar, o que hablare en nombre de dioses ajenos, el tal profeta morirá.
>
> Y si dijeres en tu corazón: ¿Cómo conoceremos la palabra que Jehová no ha hablado?
>
> Y si el profeta hablare en nombre de Jehová, y no se cumpliere lo que dijo, ni aconteciere, es palabra que Jehová no ha hablado; con presunción la habló el tal profeta; no tengas temor de él.[3]

---

2. Jeremías 28:9.
3. Deuteronomio 18:20-22.

Así que conforme les digo de las profecías hechas por José Smith, les invito a que apliquen la prueba del cumplimiento de las profecías de la Biblia.

Los Pensamientos Ocultos de Oliverio Cowdery Revelados a Través de José

Empezaré con tres incidentes que muestran cómo Dios atrajo hombres hacia José y los ayudó a reconocer que José fue verdaderamente el siervo autorizado de Dios sobre la tierra, con un cometido inspirado de restaurar la iglesia verdadera de Jesucristo y diseminó el evangelio de Cristo por toda la faz de la tierra.

En la primavera de 1829, José estaba en Harmony, Pennsylvania, trabajando en la traducción del Libro de Mormón. En la ciudad de donde era originario José, Palmyra, Nueva York, los miembros del consejo de la comunidad pensaron que sería apropiado contratar a un nuevo maestro para el distrito escolar y el nombre de este maestro era Oliverio Cowdery. Como era la costumbre en esos días, el maestro se quedaba en casa de alguno de los alumnos. Dado que la habitación de José estaba desocupada, Oliverio se quedó en la casa de los Smith. Casi inmediatamente al llegar, Oliverio comenzó a escuchar rumores de los vecinos y los niños, acerca de las planchas de oro y de la traducción que José estaba haciendo. Quiso saber más y le preguntó a la familia Smith acerca de las actividades de José, pero durante muchos días declinaron darle información alguna. Finalmente el padre de José le dio una breve explicación del origen de las planchas y del trabajo que José estaba llevando a cabo. Después de la explicación dada por el padre de José, Oliverio comenzó a recibir señales que cambiaron completamente el curso de su vida. Esto es lo que la historia registra acerca de Oliverio:

Poco después de haber recibido esta información, le dijo al Sr. Smith que estaba muy complacido con lo que había escuchado de tal forma que había estudiado en forma profunda el asunto durante todo el día, y que tenía la idea fija en su mente de que debería tener el privilegio de ser un escribiente para José. Además, le dijo que había decidido visitarlo al final del curso en la escuela.

Al día siguiente, dijo: "El asunto del que hablábamos ayer parece que está trabajando muy dentro de mí y no puedo, ni por un momento, sacarlo de mi mente; finalmente he resuelto hacer lo siguiente: Entiendo que Samuel irá a Pennsylavania para pasar la primavera con José; haré arreglos para estar listo y lo acompañaré cuando se alivie; porque he orado y creo firmemente que es el deseo del Señor que vaya. Si hay algo que tenga que hacer en todo esto, estoy decido a llevarlo a cabo".

El padre de José dijo a Oliverio que si Dios tenía un trabajo para él, podría buscar y obtener un testimonio de la misión del Señor que estaba a punto de llevar a cabo. Por lo tanto, Oliverio oró al Señor y recibió un testimonio del Espíritu, pero aparentemente no le dijo nada a nadie, pero su comportamiento cambió inmediatamente y "Desde entonces, Oliverio estuvo completamente absorto en el tema del Registro y parecía imposible que pudiese pensar o conversar de ninguna otra cosa."[4]

Oliverio trabajó en Palmyra como maestro menos de un mes y después dejó su trabajo para ir a Harmony a reunirse con José. Estuvo acompañado por Samuel Smith,

---

4. *Historia de José Smith,* por su Madre, Lucy Mack Smith (Salt Lake City: Bookcraft, 1958), pág. 139, citado en PJS, pág. 104.

el hermano mayor de José, que contaba con 21 años de edad.

Caminaron desde Palmyra, New York hasta Harmony, Pennsylvania en abril, cuando el clima era húmedo y no muy agradable soportando lluvias, heladas, desheladas y en forma alternativa dejando atrás carreteras completamente imposibles de transitar. José no sabía nada acerca de la llegada de Oliverio, pero sí sabía que se le enviaría a un escribiente. José había orado al Señor tres días antes de la llegada de Samuel y Oliverio, para que le fuese enviado un escribiente y la respuesta fue que en unos pocos días le llegaría un refuerzo. Así que cuando Oliverio se presentó con José y le dijo a lo que venía, José no se sorprendió. Sin embargo, fue hasta varios días después, que Oliverio creyó sin reserva alguna que José era en verdad un profeta de Dios. Oliverio le dijo a José que preguntara y que decidiera la voluntad del Señor acerca de su persona. En una revelación dada a José a nombre de Oliverio, el Señor le dijo:

> Te digo estas cosas para que te sean por testimonio de que las palabras, o la obra, que has estado escribiendo son verdaderas.
>
> De cierto, de cierto te digo: Si quieres más testimonio, piensa en la noche en que me clamó tu corazón a fin de saber la verdad de estas cosas.
>
> ¿No hablé paz a tu alma concerniente al asunto? ¿Qué más testimonio puedes tener que el que viene de Dios?
>
> Y ahora, he aquí, has recibido un testimonio; pues si te he dicho cosas que ningún otro hombre sabe, ¿no has recibido un testimonio?[5]

Después José registró el testimonio de Oliverio:

---

5. Doctrina y Convenios 6:17, 22-24.

Después de haber recibido esta revelación, Oliverio Cowdery me dijo que después de haber sido huésped en la casa de mi padre y después de que la familia le había comunicado que yo había obtenido las planchas, esa misma noche cuando ya se había retirado a su aposento, oró al Señor para saber si las cosas habían sido de tal manera y el Señor le manifestó que eran verdaderas, pero que él, Oliverio, había guardado eso como un secreto y no había mencionado nada a nadie; así que después que fue dada esta revelación, él supo que el trabajo era verdadero porque *ningún ser viviente sabía de las cosas aludidas en la revelación,* solamente Dios y él mismo.[6]

José Predice acerca de los Movimientos de David Whitmer

Les contaré una experiencia que sucedió aproximadamente dos meses después. Durante esos dos meses en que Oliverio asistía a José como escribiente, vieron que la oposición por parte de algunos fanáticos religiosos en la zona de Harmony se convertía en persecución. Un día, a finales de Mayo de 1829, cuando José traducía el Libro de Mormón por medio del Urim y Tumim, recibió, en lugar de la traducción, una orden y una advertencia del Señor. La orden fue que redactara una carta a una persona con el nombre David Whitmer, quien vivía en Waterloo, Nueva York, solicitándole que viniera de inmediato con su transporte de yunta para llevar a José y a Oliverio a su propia residencia, porque gente mala quería matar a José. José no conocía a David Whitmer, pero Oliverio lo había conocido superficialmente. David había mostrado cierto interés

6. *Historia de la Iglesia,* Vol. 1, pág. 35, citado en PJS, pág. 105.

en el trabajo que José estaba haciendo y Oliverio decidió escribirle.

¿Podrán imaginarse cómo recibió la familia Whitmer la carta que José les había enviado? Solicitaba que hicieran un viaje de ida y vuelta de 272 millas, recoger a José, Oliverio y a Emma, la esposa de José, llevarlos a su casa por un período indefinido de tiempo y participar en un trabajo del cual ellos no sabían absolutamente nada, excepto por los muchos rumores que circulaban en la zona. El padre de David Whitmer le sugirió a David que no fuera a menos de que recibiera un testimonio de Dios de que era absolutamente necesario que fuese. Déjenme narrarles los eventos que sucedieron días después, conforme David recibía el testimonio de Dios:

> Esta sugerencia había complacido a David, y preguntó al Señor le diera un testimonio de que debería ir por José, *y le fué dicho por la voz del Espíritu que fuera tan pronto el trigo fuese cultivado.* A la mañana siguiente David fue al campo y se dio cuenta que tenía dos días de arduo trabajo por delante. *Luego se dijo a sí mismo que si podía hacer el trabajo de una manera más rápida de lo que anteriormente se había hecho en la granja, que ésta sería una prueba que era la voluntad del Señor y que haría todo lo que estuviera a su alcance para ayudar a José en el trabajo en el cual estaba enfrascado.* Después amarró los caballos al escarcificador y en lugar de dividir el terreno como normalmente lo hacen los granjeros, manejó la yunta alrededor del mismo, y continuó haciéndolo hasta el mediodía, cuando al tomar un receso para la comida, miró alrededor y para sorpresa suya vió que había arado la mitad del trigo. Después de la comida continuó haciendo lo mismo y al atardecer ya había terminado el trabajo de dos días.

Cuando su padre fue al campo esa misma tarde, vió que el trabajo se había terminado y exclamó: "*Debe haber una mano dominante en todo esto, y creo que sería mejor que fueras a Pennsylvania tan pronto como* ***tu yeso blanco sea sembrado***".

A la mañana siguiente, David tomó una medida de madera y la puso bajo su brazo y fue a sembrar el yeso que había dejado dos días antes apilado cerca de la casa de su hermana, pero al llegar al lugar, descubrió que había desaparecido! Corrió hacia la casa de su hermana y le preguntó qué había pasado. Sorprendida dijo su hermana: "¿Por qué me preguntas, que no estaba ya sembrado desde ayer?"

"No que yo supiera", contestó David.

"Estoy sorprendida", contestó su hermana, "porque mis hijos me suplicaron antes de mediodía, que fuera a ver a los hombres que estaban trabajando en el campo, y me dijeron que nunca antes habían visto a nadie trabajar tan rápido. Fuí y ví a tres hombres trabajando en el campo, como me habían dicho los niños, pero suponiendo que tu los habías contratado por la prisa que tenías, inmediatamente regresé a casa y ya no puse más atención en el asunto."

David preguntó a mucha gente sobre este asunto, tanto a sus parientes como a los vecinos, pero nadie supo quien había hecho el trabajo. No obstante, la familia estaba convencida que había algo de sobrenatural en este extraño caso.

David inmediatamente se enfiló a Pennsylvania y en dos días ya se encontraba allá y los caballos no habían sido lesionados en lo más mínimo, a pesar de que la distancia era de ciento treinta y cinco millas. A su llegada, necesitaba presentarse con José dado que era la primera vez que se encontraban."[7]

---

7. *Historia de José Smith,* pág. 147-149; citado en PJS, pág. 125-126.

A pesar de la forma tan acelerada en que David preparó su viaje hacia Harmony, su inanunciada llegada ya había sido anticipada por el Profeta. Para su sorpresa, David encontró a José y a Oliverio esperándolo a corta distancia de la ciudad. Más asombrado estuvo al descubrir que el Profeta había predicho a su escribiente los pasos que David daría. Después les contó a otros miembros de la Iglesia de la forma en que se habían reunido diciendo:

> Cuando llegué a Harmony, José y Oliverio, me abordaron y se reunieron conmigo a cierta distancia de la casa. Oliverio me dijo que José le había informado cuando yo había salido de casa, dónde había dormido la primera noche, cómo había leído el anuncio en la taberna donde había dormido la noche siguiente, etc., y que llegaría ese mismo día antes de la cena y que por esto habían salido a recibirme; todo esto era exactamente igual a como José le había dicho a Oliverio.[8]

Después de que José, Emma y Oliverio llegaron al hogar de los Whitmer, el trabajo sobre la traducción del Libro de Mormón continuó de una forma más rápida, y se terminó en el verano de 1829. Al poco tiempo se publicó y la Iglesia fue restaurada de acuerdo con el mandamiento del Señor el 6 de abril de 1830.

Un Abogado Incitado a Liberar al "Ungido de Dios"

El trabajo misional comenzó inmediatamente y una de las primeras ramas que se establecieron fue en el área cerca de Harmony, Pennsylvania en una pequeña ciudad llamada Colesville. José, junto con otras personas, visitó la ciudad de Colesville en varias ocasiones; predicaron el

---

8. *Millennial Star,* 1878, Vol. 40, Núm. 49, pág. 772; citado en PJS, pág. 126-127.

evangelio allí y tuvieron conversos. En junio de 1830, llegaron a Colesville para efectuar un servicio bautismal. Un arroyo fué bloqueado, pero la persecusión de los ministros sectarios había aumentado conforme había más conversos en el zona, así que una chusma quebró la presa.

Dos dias después, un policía vino y detuvo a José por "conducto incontrolado al construir la presa", y lo obligaron por un juicio. En esos dias si una persona quería estorbar las actividades de otra, una manera fácil era jurarse sobre una demanda legal. La maquinaria legal era tan despacio y enredado que eso causó que una persona detenida se quedó encarcelado por muchos dias antes de que se encontró inocente de las demandas hechos contra él. Esa táctica se usó frequentemente contra José Smith, aunque una y otra vez se encontró inocente cuando por fin se pasó el juicio.

En esa ocasión José Knight, un amigo del profeta José Smith, buscó ayuda legal de su vecino, Juan Reed, quién sabía las leyes. Señor Reed, por no conocer el profeta, no quiso ayudarlo. Pero se le reveló un testimonio que era importante para él a hacerlo. Así escribió él sobre este asunto:

> Yo estaba tan ocupado en esa ocasión, cuando el Señor Smith me mandó a buscar, pues me era casi imposible atender el pleito, dado que yo jamás había conocido al Señor Smith, tomé la decision de no acudir a su llamado. Pero después de hacer esta decisión, me pareció que alguien me decía, "*¡Debes de ir, y liberar al Ungido de Dios!*" Suponiendo que era el hombre que fue mandado a mí, yo dije, "¿El Ungido de Dios?" Él se asustó por ser enfrentado así, y respondió, "¿Qué significa eso, Señor? Yo no dije nada del Ungido de Dios." Fuí convencido que él dijo la verdad, porque estas pocas palabras llenaron mi mente con sentimientos singulares, los cuales

> jamás he sentido; y pronto me dirigí al lugar del juicio. Mientras me metí en el caso, esos sentimientos aumentaron, y cuando me tocó a hablar, *fuí inspirado a hablar con una elocuencia que era completamente nueva para mí, y que era poderosa e irresistible.*[9]

Otra vez, el Espíritu Santo había testificado del divino llamamiento de José Smith.

Orson Hyde a Irse a Jerusalén

De vez en cuando un profeta puede predecir las acciones futuras de sus amigos y asociados. José Smith hizo esto en varias ocasiones, profetizando acontecimientos que pasaron muchos años después que sus palabras fueron dichas aún a hombres que él no conoció antes.

Temprano en 1831, José mudó a la área de Kirtland, Ohio. Era el otoño de 1831 que un convertido fue bautizado, cuyo nombre fue Orson Hyde. José Smith confirmó a este miembro de la iglesia y le dio una bendición en el cual dijo:

> En poco tiemp irás a Jerusalén, el pais de mis abuelos, y serás un vigilante para la casa de Israel; y por medio de tus manos el Mas Alto hará un trabajo grande, el cual *preparará el camino por, y hará más facil la juntada de, ese pueblo.*[10]

Orson Hyde subió rapidamente en los rangos de la Iglesia, y era uno de los miembros originales del Qorum

---

9. *History of Joseph Smith, op. cit.,* pág. 176-77, citado en PJS, pág. 204.

10. *Historia de la Iglesia,* vol. 4, pág. xxxi; citado en PJS, pág. 219.

de los Doce Apóstoles. Llenó misiones a Nueva York, Canadá y a Inglaterra.

Durante la conferencia de Abril, 1840, en Nauvoo, Orson Hyde fue llamado a una misión a Palestino. Caminó a los estados del Este por medio del trabajo para ganar dinero para irse a su misión.

Su compañero lo abandonó, y Orson se encontró en una situación difícil, todavia sin dinero para hacer la jornada. Su pasaje tras el mar fué posible por un estranjero que le llegó a él un dia y le dio una bolsa de oro. En el 24 de Octubre, 1841, Orson Hyde se paró en el Monte de Olivos y dedicó el pais de Palestino por la reunión de los esparcidos de Judá.[11] Los santos de los últimos dias que estudiaron la historia de Israel recuerdan ese acontecimiento como el principio del regreso de los Judios a lo que llegó a ser la nación de Israel hoy.

Recién ví una programa en la televisión mostrando la dedicación del Memorial de Orson Hyde en Jerusalén que pasó en el 24 de Octubre, 1979, y yo ví al alcalde de Jerusalén participando y diciendo que todos que conocían la historia de Israel conocían bién la dedicación del pais de Orson Hyde, y su profecía del regreso de los Judios. Entonces vemos el cumplimiento literal de la profecía en 1831 de José que Orson haría un trabajo significante en preparar el camino para ese pueblo, y hacer más fácil el regreso de ellos.

Brigham Young a Gobernar la Iglesia

En el verano de 1832, en la vecindad de Mendon, Nueva York, se ganaron nuevos conversos. Tres de esos

---

11. Jenson, Andrew, *Latter-day Saint Biographical Encyclopedia (*Salt Lake City: the *Deseret News,* 1901), vol. 1, pág. 81, citado en PJS, pág. 220.

eran Brigham Young, su hermano Joseph Young, y Heber C. Kimball. En el otoño de ese año, los tres querían conocer personalmente el profeta José, y viajaron hacia el oeste en una carreta tirada por caballos y llegaron a Kirtland, Ohio en Septiembre de 1832. En el camino visitaron la casa de un miembro en Connfret, N.Y. y alli, durante la noche, Brigham Young habló en lenguas—uno de las primeras ocasiones en nuestra historia que alguien en la iglesia habló en lenguas en esta dispensación.

Después de llegar a Kirtland, los tres aprendieron que José y sus hermanos estaban afuera cortando y cargando madera. Salieron para presentarselos, y José los invitó a una reunión de esa misma noche. Fue Brigham Young quien relató los acontecimientos de la reunión en estas palabras:

> En la noche unos hermanos se juntaron, y platicabamos sobre los asuntos del reino. El me invitó a dar una oración; *en mi oración hablé en lenguas.* Tan pronto que nos levantamos de las rodillas, los hermanos lo rodeaban a él, y le pidieron su opinión sobre el don de lenguas que cayó sobre mí. *Él les dijo que era el lenguaje puro de Adán.* Algunos le dijeron que esperaban que él iba a condenar el don que tenía el Brigham Young, pero él dijo: *"No, es de Dios, y vendrá la hora cuando Brigham Young gobernará esta iglesia."*[12]

Los estudiosos de la historia saben que Brigham Young era el presidente del Quorum de los Doce Apóstoles cuando asesinaron a José Smith, y que fue él quien luego llegó a ser el segundo presidente de La Iglesia de Jesucristo de los Santos de los Últimos Días. Así se cumplió la profecía de José.

---

12. *Comprehensive History of the Church,* vol. 1, pág. 289; citado en JS. pág. 227.

Las Profecías de José de la Guerra Civil de los EE. UU. y de Guerras Futuras

Los profetas de Dios tienen el poder de ver agitaciones politicales mayores y tumultos de la naturaleza—cosas en que no tienen nada de control ni influencia. José Smith vió tal acontecimientos—cosas que pasaron mucho tiempo después de su muerte. Por ejemplo, en el día de Navidad, 1832, José profetizó en detalle el principio de la Guerra Civil de los EE. UU. La revelación que contiene esta profecía se conoce como la sección 87 de La Doctrina y Convenios, y empieza con estas palabras:

> De cierto, así dice el Señor concerniente a *las guerras que pronto acaecerán, comenzando por la rebelión de Carolina del Sur, de las cuales finalmente resultarán la muerte y la miseria de muchas almas;*
>
> y vendrá el tiempo en que *se derramará la guerra sobre todas las naciones,* empezando en ese lugar.
>
> *Porque he aguí, los estados del Sur se dividirán en contra de los del Norte, y los estados del Sur llamarán a otras naciones, aun el país de la Gran Bretaña,* como es llamado, *y éstas también llamarán a otras* para defenderse de otras naciones; *y entonces se derramará la guerra sobre todas las naciones.*[13]

La profecía contiene demasiado detalle para tratarlo en profundidad, pero lo importante es que entonces, 29 y medio años antes del principio de la Guerra Civil, José profetizó su llegada, y correctamente indicó que empezaría con la separación del estado de Carolina Sur, y que Gran Bretaña participaría en la guerra con los estados del sur.

La profecía de José fue mencionado otra vez en una declaración que el anotó en el 6 de Septiembre de 1842. Escribió:

---

13. *Doctrina y Convenios* 87:1-3.

> Yo profetizo, en el nombre del Señor Dios, que las *dificultades que causarán* el derramamiento de mucha sangre antes de la venida del Hijo del Hombre *empezarán en Carolina del Sur.*
>
> Probablemente surgirán a causa del problema de los esclavos. Esto me lo declaró una voz mientras oraba sinceramente en cuanto al asunto, el 25 de diciembre de 1832."[14]

Ciertamente, estos son dos de las profecías más significantes hechos por el profeta José.

La Caida de las Estrellas Predicho

Quiero compartir con ustedes otra profecía de José concerniente a una de las noches más notable en la historia. Era el otoño de 1833, mientras José predicaba en una reunión en Kirtland, en que el hizo esta declaración: *"Cuarenta dias no pasarán antes que las estrellas caerán de los cielos."*

Un hombre allá no era miembro de la Iglesia, y dudó la profecía, entonces él la anotó, y empezó a contar los dias. Sucedió que 39 dias despues de la predicción, un hermano en la iglesia de nombre de Joseph Hancock estaba cazando, y se perdió. Él y su compañero andaban hasta medianoche, cuando se encontraron en la casa de ese incrédulo. El hombre mostró sus notas acerca de la profecía de José, y preguntó al hermano Hancock qué pensaba de su profeta ya que habían pasado 39 dias, y aún no se había cumplido la profecía. Hermano Hancock respondió calmadamente, "Queda aún una noche mas, y *si José así dijo, entonces las estrellas por ciertos van a caer esta noche. Esta profecía será cumplida."* El asunto inquietó la mente del hermano Hancock, y él vigiló esa noche, y llegó a ser

---

14. *Doctrina y Convenios* 130:12-13.

conocido en todo el mundo como "la noche de las estrellas cayendo."

Los cielos fueron iluminados enteramente con los bólidos, y la cara del incrédulo al ver el espectáculo fué visto claramente por el hermano Hancock, quien dijo que este se volvió pálido como la muerte, y no habló una palabra.[15]

La caida de las estrellas fué tan extensivo que fué visible por todos los Estados Unidos, y ocurrió el 12 de Noviembre, 1833; pero José habia profetizado de eso 40 días antes.

Profecías y Dias Pentecostal en el Templo de Kirtland

Uno de los períodos más interesante en la iglesia ocurrió temprano en 1836, al llevar a cabo el cumplimiento del templo de Kirtland. Los santos sacrificaron mucho para edificarlo, y recibieron muchas bendiciones por eso. José profetizó a los apóstoles que grandes bendiciones serián derramadas sobre la iglesia, diciendo, "Si somos fieles, y vivimos por cada palabra que sale de la boca de Dios, *me atrevo a profetizar que recibiremos una bendición que valdrá nuestro recuerdo, si nuestra vida sea tan larga como la de Juan el Revelador;* nuestras bendiciones serán como unas que no realizamos antes, ni hemos recibido en esta generación."[16]

El cumplimiento de esta profecía fue un derramamiento literal de las manifestaciones celestiales sobre los líderes y miembros de la iglesia que duró más que tres

---

15. Parry, Edwin F., *Stories About Joseph Smith the Prophet* (Salt Lake City: The Deseret News Press, 1934) pág. 67-69; citado en PJS, pág. 239-40.

16. *Historia de la Iglesia,* vol. 2, pág. 309; citado en PJS, pág. 260.

meses. En siete diferente ocasiones, por ejemplo, ellos tenían visiones del Señor. El primero de ellos, José escribió que

> Los cielos se nos abrieron, y yo ví el reino celestial de Dios, y su gloria, estando en el cuerpo o no, no sé. Yo ví la belleza extraordinaria de la puerta por lo cual entran los heredores de ese reino, que era como llamas de fuego dando vueltas; también el trono resplandiente de Dios, sobre cual estaba sentado el Padre y el Hijo. Ví las calles hermosas de ese reino que tenían la apariencia de ser pavimentado con oro. Ví los padres *Adán y Abraham,* y mi padre y mi madre, y mi hermano Alvin que hace mucho tiempo dormió, . . .[17]

Se recibieron visiones de ángeles y ministraciones de seres angelicales en numerosas ocasiones. Recibieron el don de lenguas y así lo registraron en diferentes ocasiones: "*el don de lenguas nos llegó con gran fuerza, las voces de los ángeles se mezclaron con las nuestras,* y llenaban nuestros corazones alabanzas sin cesar."[18] Uno de los hermanos vio que una columna de fuego se posó y permaneció sobre las cabezas de los presidentes de los Setenta y muchos de ellos profetizaron.

Se dedicó el templo el domingo 27 de marzo de 1836, y durante esa reunión el Espíritu se derramó sobre las autoridades de la iglesia esa noche. José había dado instrucciones sobre el espíritu de profecía y había dicho que utilizaran sus dones proféticos: "*No apaguéis al espíritu, pues el primero que hable recibirá el espíritu de profecía*".[19] De repente el Espíritu fue derramado como en

---

17. *Historia de la Iglesia,* vol. 2, pág. 380.
18. *Historia de la Iglesia,* vol. 2, pág. 383.
19. *Historia de la Iglesia,* vol. 2, pág. 428.

el día de Pentecostés en tiempos del Nuevo Testamento y José escribió:

> El hermano Jorge A. Smith se levantó y empezó a profetizar, cuando se escuchó un estruendo como el *sonido de un viento muy fuerte* y que llenó el Templo, y la congregación entera se levantó simultáneamente, impelida por un poder invisible; *muchos empezaron a hablar en lenguas y a profetizar;* otros vieron visiones gloriosas; y yo vi *el templo lleno de ángeles,* y así lo declaré a la congregación. La gente de los alrededores llegó corriendo (al *escuchar un ruido inusual en el interior y al ver una luz brillante como una columna de fuego que descansaba sobre el Templo*), y se maravillaron de lo que estaba sucediendo.[20]

Lorenzo Snow describió este acontecimiento así:

> El Padre Smith presidía la reunión en la sección noroeste del Templo y después de haber comenzado la reunión cantando un himno, ofreció la primera oración durante la cual pidió que el Espíritu de Dios fuese derramado como en el día de Pentecostés. Después, durante los ejercicios de la mañana, el Espíritu vino; y no sabríamos decir si el Padre Smith había olvidado lo que había suplicado durante la oración o tal vez por el fervor que había en su corazón, no se percató de lo que estaba pidiendo. Nunca lo podremos averiguar, pero cuando el sonido llenó todo el templo, con una expresión de gran asombro elevó sus ojos exclamando: "Que sucede, ¿se está quemando la casa?" Pero luego comprendió lo que sucedía y fue llenado de un gozo indescriptible.[21]

---

20. *Historia de la Iglesia,* vol. 2, pág. 428.
21. Smith, Eliza R. Snow, *Biography and Lorenzo Snow Family Record* (Salt Lake City; Desert News Co., 1884), pág. 142-143.

El clímax de este glorioso período de bendiciones espirituales y de investidura vino el primer domingo después de la dedicación del templo. Durante los servicios de la tarde, justo después de haber administrado la Santa Cena, José Smith y Oliverio Cowdery se retiraron detrás de la cortina que separaba el púlpito de la congregación, y se arrodillaron en solemne y silenciosa oración. Al levantarse, vieron al Salvador, como dice en D. y C. Sección 110:

> El velo fue retirado de nuestras mentes, y los ojos de nuestro entendimiento fueron abiertos.
>
> Vimos al Señor sobre el barandal del púlpito, delante de nosotros; y debajo de sus pies había un pavimento de oro puro del color del ámbar.
>
> Sus ojos eran como llama de fuego; el cabello de su cabeza era blanco como la nieve pura; su semblante brillaba más que el resplandor del sol; y su voz era como el estruendo de muchas aguas, sí, la voz de Jehová que decía:
>
> Soy el primero y el último; soy el que vive, soy el que fue muerto; soy vuestro abogado ante el Padre.
>
> He aquí vuestros pecados os son perdonados; os halláis limpios delante de mí; por tanto alzad la cabeza y regocijáos.
>
> Regocíjese el corazón de vuestros hermanos; así como el corazón de todo mi pueblo que con su esfuerzo ha construido esta casa a mi nombre.
>
> Porque he aquí, he aceptado esta casa, y mi nombre estará aquí; y me manifestaré a mi pueblo en misericordia en esta casa.
>
> Sí, apareceré a mis siervos y les hablaré con mi propia voz, si mi pueblo guarda mis mandamientos y no profana esta santa casa.
>
> Sí, el corazón de millares y decenas de millares se regocijarán en gran manera como consecuencia de las bendiciones que han de ser derramadas, y la investidura con que mis siervos han sido investidos en esta casa.

> Y la fama de esta casa se extenderá hasta los países extranjeros; y este es el principio de la bendición que se derramará sobre la cabeza de los de mi pueblo. Así sea. Amén.[22]

Y así terminó el período de investidura del cual José había profetizado. Al terminar, pronunció otra profecía la cual se está cumpliendo en varios registros como este:

Los hermanos continuaron exhortando, profetizando y hablando en lenguas hasta las cinco de la mañana. El Salvador se apareció a algunos de nosotros mientras los ángeles ministraban a otros, y fue un Pentecostés y una investidura que recordaremos durante mucho tiempo, porque el sonido saldrá de este lugar a todo el mundo y lo que sucedió aquí este día quedará registrado en las páginas de la historia secreta, para todas las generaciones, como en el día de Pentecostés.[23]

El Condado de Jackson Sería Visitado por Sangre y Fuego

Conforme la iglesia crecía, también aumentaba la oposición contra ésta, orquestada principalmente por ministros de otros cultos. En el verano de 1838, José y otros líderes de la iglesia fueron encarcelados y permanecieron allí durante el invierno de 1838-1839 en la cárcel de Liberty, Missouri para que se pronunciase alguna acusación. Los santos habían sido perseguidos encarnizadamente y echados del Condado de Jackson, Missouri. José contrató a un abogado, Alexander Doniphan, para que llevara su defensa.

En una ocasión, José fue llevado a la oficina de Doniphan, y al estar allí, un hombre llegó a saldar una

---

22. *Doctrina y Convenios* 110:1-10.
23. *Historia de la Iglesia,* vol. 2, pp. 432-33.

deuda que tenía con el abogado, y quería hacerlo entregándole un terreno que poseía en el Condado de Jackson. Cuando el hombre se había retirado, José, mirando a Doniphan, hizo esta gran profecía:

> Doniphan, te sugiero que no aceptes ese terreno como pago porque la ira de Dios recaerá sobre el condado de Jackson; el pueblo de Dios ha sido echado despiadadamente y tu vivirás para ver el día *cuando este condado sea visitado por fuego y sangre. El Señor de los ejércitos los arrasará con la escoba de la destrucción. Los terrenos y granjas, así como las casas serán destruidas y solamente quedarán las chimeneas como señal de desolación.*[24]

Se cumplió esta profecía con la Guerra Civil. Al comenzar la guerra, el estado de Missouri era el único que permanecía esclavo sobre la línea de Mason-Dixon; estaba rodeado por los tres lados por estados libres. Sobre el asunto de los esclavos, se registraban escaramuzas en forma continua entre las comunidades de Kansas y Missouri. A pesar de que había sido un estado donde se practicaba la esclavitud, Missouri se unió a la guerra como un estado libre para así protegerse de la conquista que sabía le sobrevendría. Un grupo de guerrilleros del Sur se estableció en la parte occidental de Missouri, especialmente en la zona del Condado de Jackson, quienes ayudados por los ciudadanos a favor del Sur, persiguieron al ejército del Unión. El occidente del estado de Missouri se encontraba en continuo estado de guerra.

Finalmente, el ejército Unión emitió la famosa "Orden Número 11", que ordenaba a los residentes de los Condados de Cass, Jackson y Bates a evacuar sus hogares a fin de exterminar las guerrillas. Al percatarse los soldados del

---

24. *Comprehensive History of the Church,* vol. 1, pág. 538.

ejército del Unión que la mayoría de los residentes no obedecían sus órdenes, arrasaron la zona matando animales, quemando casas y terrenos. La brutal orden se llevó a cabo en forma despiadada y nuevamente se promulgó esta ley, a gran escala, para registrar lo que había sucedido a los Santos treinta años antes.

La mayoría de los historiadores de la Guerra Civil se refiere a lo sucedido en el Condado de Jackson y sus alrededores, como el hecho que causó más sufrimiento que ningún otro conflicto durante la Guerra. Un soldado que llegó a esa zona en 1864 escribió: "Fuí al Río Blue y encontré casas, graneros, accesorias, casi todas quemadas y *no había quedado nada erguido sólo las chimeneas,* las cuales habían sido construidas conforme se estilaba entonces, o sea afuera de los edificios o casas. Recuerdo muy bien que la región estaba en completa desolación".[25]

Aquí se cumplió literalmente la profecía pronunciada por José veinte años antes.

Martín Van Buren no Sería Electo Nuevamente

José Smith hizo grandes profecías concernientes a la política. En octubre y noviembre de 1839, él y varias personas viajaron al capitolio de la nación, o sea Washington D. C., para presentar ante el Congreso y ante el Presidente Martin Van Buren los agravios sufridos por los Santos. Se entrevistaron con el Presidente Van Buren quien escuchó su petición de resarcir a los Santos por los sufrimientos que habían soportado, pero la respuesta del Presidente fue motivada por razones políticas al decir: "*¡Qué puedo hacer yo, no puedo hacer nada por ustedes! Porque si hago algo, todo el estado de Missouri se me viene encima*".[26]

---

25. Carta de A. Saxey a Junius Wells, *Improvement Era,* Noviembre 1902.

26. *Historia de la Iglesia,* vol. 4, pág. 40.

Debido a este hecho, José Smith hizo esta profecía: " Nunca más volverá a ser *electo para ocupar algún puesto de confianza y poder, por medio del cual se abuse del inocente y se libere al culpable*".[27]

La profecía de José se cumplió. Martin Van Buren estuvo sólo un período, o sea de 1837 a 1841. En las elecciones presidenciales de 1840, fue nominado nuevamente por el Partido Demócrata pero fue derrotado por William Henry Harrison el candidato del partido Whig. Trató de obtener otros puestos políticos, pero no tuvo éxito alguno. Fue derrotado durante las elecciones presidenciales a las que fue nominado por el Partido Demócrata en 1844, y en 1848 obtuvo la nominación presidencial por el Partido Free-Soil pero también fue derrotado. Murió en julio de 1862.

Stephen A. Douglas Buscará la Presidencia de los Estados Unidos

En mayo de 1843, José hizo otra profecía muy importante sobre política. Entonces era alcalde de Nauvoo, Illinois, y llegó a visitarlo Stephen A. Douglas, un juez de la corte de Illinois y juntos disfrutaron de una cena deliciosa y también hablaron de acerca de los muchos sufrimientos de los Santos en la zona de Missouri.

Al concluir José sus observaciones, miró al Juez Douglas y le hizo esta declaración profética:

> Señor *Juez, usted aspirará a la presidencia de los Estados Unidos, pero si nos da la espalda ya sea a mí o a los Santos de los Ultimos Días, sentirá el peso de la mano del Todopoderoso sobre usted* y vivirá para ver y saber que le he testificado la verdad, porque la

27. *Historia de la Iglesia,* vol. 4, pág. 89.

> conversación que hemos tenido este día permanecerá con usted por el resto de su vida.[28]

Aún cuando Stephen A. Douglas se mostró amigable hacia el Profeta, unos años después entró a la política nacional y siguió la moda de denunciar a los Mormones. El 12 de junio de 1857, pronunció un discurso en Springfield, Illinois llamando a los Santos "un cáncer repugnante" y dijo muchas otras cosas que no eran ciertas. El discurso pronunciado fue impreso en el periódico Missouri Republican el 18 de junio de 1857 y de alguna manera llegó a Utah y fue impreso en el Deseret News. Junto con el discurso, había una copia del recuento de William Clayton sobre la profecía que José había pronunciado, además de una declaración en la página editorial, advirtiéndole a Douglas que: "tu mismo te has cerrado la oportunidad de ocupar la silla Presidencial desobedeciendo el Consejo de José . . ." Se envió una copia de la página editorial al Juez.

Pero Douglas era un orador de gran renombre y muy popular. Nunca antes en la historia Americana, había solicitado un candidato con mayor probabilidad de ganar las elecciones presidenciales como entonces. Stephen A. Douglas era un Demócrata y el Partido Demócrata predominaba entonces en la política nacional. Su oponente del partido Republicano era poco conocido y había perdido en numerosas elecciones, así que no era considerado como un contendiente de peligro. Sin embargo cuando las elecciones se llevaron a cabo, Douglas sintió el peso de la mano del Todopoderoso sobre él. Su partido se dividió y su oponente Republicano, el muy poco conocido Abraham Lincoln, ganó todos los votos electorales con excepción de dos, o sea de los estados de Missouri y New

---

28. *Comprehensive History of the Church,* vol. 2, pág. 183.

Jersey. Nuevamente José Smith había predicho con gran detalle, eventos que sucederían con posterioridad.

Esta Iglesia Llenará las Montañas Rocallosas, América del Norte y América del Sur

José Smith hizo profecías muy importantes acerca de la colonización de la zona de las Montañas Rocallosas por los pioneros Mormones. El 26 de Abril de 1834, hizo una declaración en Kirtland, Ohio concerniente a dicha expansión hacia el oeste:

> Quiero decirles aquí delante del Señor, que no conocen ustedes nada mas sobre los destinos de esta Iglesia y del Reino, que lo que conoce un pequeño en los brazos de su madre, no lo pueden entender. Solamente están viendo a un puñado de poseedores del Sacerdocio aquí esta noche, pero esta Iglesia se extenderá y llenará América del Norte y América del Sur—*llenará el mundo y las Montañas Rocallosas. Habrá cientos de millones de Santos de los Ultimos Días que se reunirán en las Montañas Rocallosas y allí abrirán las puertas para establecer el Evangelio entre los Lamanitas. . . . Este pueblo irá a las Montañas Rocallosas y construirá templos al Altísimo.*[29]

Los Santos Serán Echados hacia las Montañas Rocallosas

En 6 de Agosto de 1842, José hizo esta declaración en Montrose, Iowa: "Profeticé que los santos continuarían teniendo aflicciones y que partirían hacia las Montañas Rocallosas; que muchos de los santos apostatarían, otros morirían en manos de sus perseguidores o perderían sus vidas por alguna enfermedad; algunos de ustedes vivirán

---

29. *Conference Report,* Abril 8, 1898, pág. 57; citado en EPJS, pág. 365.

y ayudarán a colonizar y a edificar ciudades y verán que los santos llegarán a ser un pueblo poderoso en medio de las Montañas Rocallosas".[30]

Si alguno de ustedes ha visitado la zona de Utah, puede constatar el cumplimiento literal de esta profecía.

Se Consumará el Trabajo de José antes de su Muerte

Aún durante los últimos días de su vida, las profecías hechas por José Smith tuvieron gran relevancia sobre su propio futuro y sobre el futuro de otras personas cercanas a él.

El 15 de octubre de 1843, en el Templo de Nauvoo, José comentó sobre sus enemigos que querían quitarle la vida y dijo: "Yo profetizo que *no podrán matarme hasta que mi trabajo se haya consumado* y esté yo listo para morir"[31]

José continuó su ministerio, sin embargo él ya sabía que su trabajo había terminado, y así lo anunció. Durante una junta con los líderes de la Iglesia poco antes de su muerte, José dijo:

> En el nombre del Señor, sacudo de mis hombros la responsabilidad de llevar el Reino de Dios a todo el mundo; aquí y ahora pongo la autoridad, con todas las llaves, poderes y privilegios pertenecientes al Reino, sobre los hombros de ustedes, los Doce Apóstoles.[32]

---

30. *Comprehensive History of the Church,* vol. 2, pág. 181, citado en EPJS, pág. 364.
31. *Historia de la Iglesia,* vol. 7, pág. 58; citado en EPJS, pág. 370.
32. Letter of Benjamin F. Johnson to John H. Gibbs, pág. 10, citado en EPJS, pág. 371.

José Profetiza su Cercana Muerte

A principios del verano de 1844, la persecución en contra de los santos en Nauvoo, Illinois se tornó más intensa. José era el alcalde de la ciudad y defendía los derechos de los santos. Los ataques contra José aumentaron cuando incidentes que sucedieron en la ciudad Mormona como la remoción del periódico anti-Mormón, el Nauvoo Expositor fue hecha por el Consejo Ciudadano de Nauvoo y por lo tanto, se libró una orden de aprehensión en contra de José bajo los cargos de destrucción del periódico Expositor. José sabía que si lo detenían sería asesinado y dijo a un amigo: "Si por alguna razón Hyrum o yo somos arrestados nuevamente, nos matarán, o no soy un Profeta de Dios."[33]

Y aún así, fué a Carthage, Illinois para contestar las demandas de la ley. Al encaminarse hacia Carthage, él y los que le acompañaban se toparon con 60 hombres de la milicia montada en camino a Nauvoo y al percatarse de que venían hacia ellos, José comentó:

> Voy como cordero al matadero, pero me siento tan sereno como una mañana veraniega. Mi conciencia está libre de ofensas contra Dios y contra todos los hombres. Si me matan, moriré inocente y se dirá de mí: "Fue asesinado a sangre fría."[34]

Los sesenta militares emprendieron de nuevo la marcha hacia Nauvoo para desarmar a la Legión de Nauvoo y convencieron a José para que regresase a Nauvoo y los ayudase, y de esta manera le garantizarían protección cuando José entrara en el área de Carthage que estaba

---

33. *Historia de la Iglesia,* vol. 6, pág. 546; citado en EPJS, pág. 381.

34. *Comprehensive History of the Church,* vol. 2, pág. 249; citado en EPJS, pág. 381.

infestada del populacho. Regresaron y recogieron las armas y emprendieron de nuevo el regreso a Carthage alrededor de las seis de la tarde. Cuando el grupo pasaba por su granja, José volvió la cara repetidas veces para verla de nuevo, cosa que provocó algunas palabras entre sus amigos a lo que él respondió: "Si alguno de vosotros tuviese una hacienda como ésta, y supiera que no la volvería a ver más, también se le quedaría mirando, sabiendo que sería la última vez."[35]

La Oclocracia Enfrentará la Boca del Cañón desde Lugares que No Os Podréis Imaginar

José y su grupo llegaron a Carthage alrededor de la medianoche del 24 de junio de 1844. Un grupo de la chusma estaba presente y empezaron a gritar y a maldecir a José. El gobernador de Illinois, Thomas Ford había llegado a Carthage y también estaba hospedado en la Casa Hamilton, donde pasaría José la noche. Molestado por los gritos de la chusma, abrió la ventana para acallarlos prometiéndoles que el Profeta pasaría frente a las tropas de la Milicia de Illinois en la plaza a la mañana siguiente para que todos los pudiesen ver.

Fiel a su promesa, el Gobernador invitó al Presidente Smith y a su grupo a pasar frente a las tropas temprano al día siguiente y después regresaron a la Casa Hamilton. Cuando las tropas ya se habían retirado, muchos de ellos siguieron al Profeta hasta el hotel, donde empezaron una acalorada conversación con él y cuestionaron las buenas intenciones de los hermanos. Al estar hablando con ellos, José hizo esta profecía:

> Yo puedo ver lo que está en vuestros corazones y os diré lo que veo. Veo que estáis sedientos de sangre y

---

35. *Comprehensive History of the Church,* vol. 2, pág. 250; citado en EPJS, pág. 381.

> nada más que mi sangre os dejará satisfechos. Ni es por ningún crimen por lo que yo y mis hermanos somos continuamente perseguidos y acosados por nuestros enemigos, sino que hay otros motivos, algunos de los cuales, en lo que a mi concierne, ya he expresado; y en vista de que vosotros y el resto del mundo tenéis sed de sangre yo profetizo en el nombre del Señor, que presenciaréis escenas de sangre y aflicción que os dejarán completamente satisfechos. Vuestras almas se saciarán completamente de ver correr la sangre. Muchos de vosotros que estáis aquí presentes os veréis frente a los cañones en lugares que no os podréis imaginar . . .[36]

Aproximadamente tres años después se cumplió esta profecía durante la Guerra de México. Se le solicitó a Illinois que proveyera cuatro regimientos de voluntarios, y estos hombres del oeste de llinois rápidamente accedieron. Un gran número de ellos se contaba entre los 3,720 reclutas de Illinois quienes pelearon en el noroeste y el centro de México. El 22 y 23 de febrero de 1847, dos de los regimientos de Illinois y uno de Kentucky comprometieron a 17,000 de los soldados del ejército de Santa Ana en la batalla de Buena Vista.

Aunque los sobrepasaban en número casi cuatro a uno, los soldados Americanos se mantuvieron el primer día. En la mañana del segundo día parecía que ganaban la ventaja del flanco izquierdo de los Mexicanos y llevaron a cabo una gran embestida contra el enemigo y se retiraron. De repente descubrieron que habían caído en una trampa porque los habían atacado 12,000 de los soldados regulares de Santa Ana. Los Americanos se retiraron a un pasaje estrecho en territorio Mexicano y los laterales eran despeñaderos cubiertos con peñas resbaladizas y sueltas y

36. *Comprehensive History of the Church,* vol. 2, pág. 271-72; citado en EPJS, pág. 384.

apenas pudieron permanecer de pie. La armada Mexicana rodeó la parte superior del estrecho pasaje y saturaron el terreno con sus disparos. De repente los cañones Americanos empezaron a disparar por la parte trasera de las líneas Americanas y quitaron los obstáculos a la caballería Mexicana de la parte norte del estrecho pasaje. Los Mexicanos entonces embistieron con bayonetas los laterales del estrecho pasaje a fin de escapar; los Americanos tuvieron que retirarse hacia el fuego del cañón de su propia artillería, cumpliéndose así la profecía hecha por José tres años antes: "sus almas serán saciadas con la sangre" y que muchos de los que estaban presentes se verían "frente a los cañones en lugares que no os podréis imaginar"—su propia artillería.

Dan Jones Viviría para Cumplir una Misión en Gales

Durante la noche antes de su martirio, el Profeta fue confinado con sus amigos en el apartamento del carcelero en la cárcel de Carthage. Un poco después de la medianoche, un disparo de fusil que se escuchó cerca de la prisión, hizo que José se levantara de su cama y se acostara en el suelo en un colchón en medio de John Fuller y de Dan Jones que estaba a su lado izquierdo y después de una breve conversación volteando hacia él le dijo "¿Tiene usted miedo de morir?" a lo que Dan le contestó: "¿Cree que ya llegó la hora" Consagrado a esta obra, no le tengo miedo a la muerte". Luego el profeta le dijo: "*Usted aún irá a Gales, y antes de morir cumplirá la misión que se la ha señalado*".[37]

A la mañana siguiente, el Profeta envió a Dan Jones a llevar un recado al Gobernador Ford y a su regreso, la

---

37. *Historia de la Iglesia,* vol. 6, pág. 601; citado en PJS, pág. 385.

chusma no lo dejó entrar a la cárcel. Después de tratar sin éxito alguno de entrar a la prisión, su vida se vio amenazada por la chusma y tuvo que escapar a Quincy para evitar que lo mataran y así fue como se escapó del peligro de muerte del ataque de la chusma el 27 de junio de 1844.

Elder Dan Jones, quien había venido de Gales unos años antes, vio el cumplimiento de esta profecía sólo dos meses después. El 28 de agosto de 1844, salió a cumplir una misión a Gales en compañía de Wilford Woodruff, durante la cual se le pidió presidir sobre el distrito de Gales y de 1852 a 1856 cumplió una segunda misión nuevamente en Gales. Durante sus dos misiones en Gales, trajo a 2000 almas a las aguas del bautismo. Estas dos misiones fueron tan exitosas y tan querido era el Elder Jones entre los conversos que alrededor de 700 de los Santos lo acompañaron a su regreso a América, y formaron sus hogares en los valles de las Montañas Rocallosas.

La Vida de Willard Richards Seria Preservada mientras las de sus Amigos Caería a su Alrededor

Era la noche del 27 de Junio de 1844 alrededor de las 5:30 p.m., cuando la chusma con las caras pintadas, atacaron la cárcel de Carthage, donde José y su hermano Hyrum junto con Willard Richards y John Taylor estaban en la parte superior de la cárcel. La chusma rodeó la cárcel y algunos de ellos se apresuraron hacia la escalera y empezaron a disparar hacia el cuarto donde se encontraban los prisioneros y otros dispararon por las ventanas. Los cuatro prisioneros se recargaron sobre la puerta para evitar que ésta se abriera, pero al primer disparo, inmediatamente se hicieron a un lado. José, John Taylor y el Dr. Richards estaban en la parte izquierda de la puerta. Hyrum trató de cruzar desde el otro lado de la puerta para unirse a ellos, pero una bala que traspasó la puerta le dio en la cara y las otras le pegaron a José. José poseía una arma la cual hizo accionar a través de la puerta, mientras que el Elder Taylor trató de esquivar las armas con un bastón. Elder Taylor trató de saltar por la ventana pero le dispararon en una pierna. Trató de rodarse debajo de la cama pero nuevamente le dispararon. Una de las balas dirigidas a John Taylor pegó en su reloj, lo cual evitó que la bala penetrara en su cuerpo. Debido a que el reloj se encontraba en la bolsa de la camisa que cubría el corazón del Elder Taylor, con toda seguridad el reloj le salvó la vida. José trató de brincar por la ventana pero dos proyectiles lo alcanzaron en su espalda y cayó afuera donde estaba la chusma. Pero la Historia de la Iglesia dice lo siguiente sobre Willard Richards:

> El escape del Dr. Richrds fue milagroso; pues siendo un hombre muy alto y en medio de una lluvia de proyectiles, sin embargo no fue lastimado, con excepción de un proyectil que rozó la punta de la parte inferior de su oreja izquierda. Su escapatoria cumplió literalmente la profecía que había hecho José unos años antes, de que llegaría el tiempo cuando las balas volarían a su alrededor, como granizo, y él vería a sus amigos caer a la derecha y a la izquierda, pero no habría ni un sólo agujero en sus ropas.[38]

Y así terminó la vida del Profeta de Dios, al cumplirse sus profecías con su muerte y la preservación de las vidas de los que estaban a su alrededor.

---

38. *Historia de la Iglesia,* Vol. 6, pág. 619; citado en PJS, pág. 386-387.

Un Tributo a José: Loor al Profeta

Son muchos los tributos para honrar la memoria de José Smith, pero tal vez el más grande es un himno compuesto por el músico William W. Phelps:

> Al gran profeta rindamos honores,
> Fue ordenado por Cristo Jesús
> A restaurar la verdad a los hombres
> Y entregar a los pueblos la luz
> Continuar todo el himno . . .

Ya he compartido con ustedes muchas de las profecías pronunciadas por José Smith, las cuales se han cumplido literalmente. Durante investigaciones que he realizado, he documentado cientos de profecías hechas por él y acerca de él, las cuales se han cumplido. No tengo duda alguna acerca de la misión divina e inspirada de este gran hombre.

Al principio de mi discurso, les cité a Jeremías que había revelado una prueba acerca de la veracidad de un profeta: "cuando la palabra de un profeta se cumple, entonces se sabrá si en verdad el profeta fue enviado por el Señor". Ahora los invito a que ustedes apliquen esa misma prueba a José Smith. He compartido con ustedes sólo algunas de las muchas profecías que se han cumplido. Él reveló los pensamientos ocultos y los viajes de sus contemporáneos, predijo la identidad de su sucesor la primera vez que se conocieron, predijo muchos sucesos importantes en guerras futuras, tanto nacionales como internacionales. Predijo la lluvia de estrellas, la destrucción del condado de Jackson durante la Guerra Civil, la caída política de Martin Van Buren y que Stephen A. Douglas no sería electo. Vió con antelación el establecimiento de los Santos como un pueblo poderoso en las Montañas Rocallosas. Profetizó también que sus enemigos se enfrentarían a la boca del cañón durante la Guerra de México y predijo muchos sucesos relacionados con su martirio. ¿Fue José Smith un profeta verdadero de Dios? Las evidencias son abrumadoras—no puede haber duda alguna.

Les testifico que yo sé que José Smith fue un profeta verdadero de Dios, y que la Iglesia que él restauró es la iglesia de Jesucristo actualmente sobre la tierra. La Iglesia tiene la autorización de Dios para predicar y obrar en el nombre de Jesús. Esta iglesia es la única que actualmente puede abrir la puerta a fin de que podamos recibir las más grandes bendiciones que Dios ha prometido a sus hijos sobre la tierra.

Pido a mi Padre Celestial para que ustedes también obtengan un testimonio personal de que Dios restauró su Iglesia y el evangelio por medio de este gran profeta, como yo lo tengo, en el nombre de Jesucristo, Amén.

Acerca del Autor

Duane S. Crowther es altamente reconocido como autor, estudioso de las escrituras, teólogo y conferencista. Graduó con altos honores de la Universidad de Brigham Young donde obtuvo su licenciatura en educación musical. Tiene también una maestría por la Universidad de Brigham Young en estudios del Antiguo y Nuevo Testamentos, y un Maestría en Administración de Empresas por la Universidad de Phoenix. Ha completado todos los cursos rumbo a su doctorado en educación musical en la Universidad de Utah.

Autor creativo y prolífico, el señor Crowther ha escrito más de cuarenta libros y tiene más de 30 conferencias en casetes; además ha escrito innumerables artículos y composiciones musicales en diferentes revistas. En su vida profesional ha sido instructor y director de Seminarios locales por La Iglesia de Jerucristo de los Santos de los Últimos Días. Ha enseñado clases para la Universidad de BYU, la Universidad de Utah y la Universidad de Phoenix; también ha ejercido como maestro de música en escuelas públicas. Ha sido dueño y ha administrado distintas tiendas de libros y de música. Durante más de tres décadas ha sido Presidente y Editor en Jefe de la compañía Horizon Publishers & Distributors, Inc., en Bountiful, Utah.

El Hermano Crowther ha escrito y ha producido espectáculos patrióticos para las estacas de su área, y ha sido conferencista en innumerables seminarios de negocios, seminarios de escritores, en las Semanas de Educación de BYU, conferencias de jóvenes y otras actividades de la Iglesia. Ha llevado a grupos de viajeros a Israel y países vecinos, y a Centro América.

Su vida ha sido de servicio continuo para la Iglesia. Ha prestado servicio en cinco misiones, incluyendo una misión de tiempo completo en Centro América y otra misión de tiempo completo en la Misión México, Ciudad de México Este, además de tres misiones de estaca en Virginia, Idaho y Utah. Ha sido Presidente de Distrito, Presidente de Rama, Líder del Grupo de Sumo Sacerdotes, Presidente de Misión de Estaca, Presidente de Quórum de Setenta y Presidente del Quórum de Élderes. También ha sido Superintendente y Presidente de la Escuela Dominical en varios Barrios, así como Superintendente y Presidente de la Mutual, Coordinador del programa de música del Barrio, director de los coros de la estaca y del barrio, instructor de clases de Doctrina del Evangelio para más de veinte años, y ha cumplido con muchos otros llamamientos como maestro e instructor de maestros. Otros llamamientos en la Iglesia incluyen obrero en el templo de Salt Lake City, y guía de turistas en Temple Square (la Manzana del Templo). Es un Master M Man y "Eagle Scout," el rango más alto de la organización de Niños Exploradores.

Casado con Jean Decker, quien también es autora y musicóloga, son padres de ocho hijos y residen en Bountiful, Utah.

Obras del Autor

Libros en Español

Amonestaciones Profética Inspiradas—*Profecías Modernas y del Libro de Mormón Sobre el Futuro de América*

Conceptos Corales—*Enseñado Técnicas y Herramientas que Ayudarán a Su Coro Lucir Maravillosamente*

José Smith—*Un Verdadero Profeta de Dios*

La Profecía—*Llave al Futuro*

La Vida Sempiterna, *Volumen I*

La Vida Sempiterna, *Volumen II*

Pruebas Bíblicas Sobre la Iglesia Restaurada y El Libro de Mormón

Usted Puede Leer Música—*Una Guía Rápida para el Conocimiento Musical*

Religión

America—*God's Chosen Land of Liberty*

Atlas and Outline of the Acts of the Apostles

Atlas and Outline of the Life of Christ

Born to Save Mankind—*New Insights on Events Surrounding the Birth of Christ*

Come Unto Christ

A Comprehensive Harmony of the Gospels

Doctrinal Dimensions—*Major Missionary Messages of the Restored Gospel*

Gifts of the Spirit

God and His Church

The Gospel Rolls Forth*—353 New Testament Events from Acts Through Revelation*

A Guide to Effective Scripture Study

How to Understand the Book of Daniel

How to Understand the Book of Ezekiel

How to Understand the Book of Isaiah

How to Understand the Book of Jeremiah

How to Understand the Book of Mormon

How To Write Your Personal History

Inspired Prophetic Warnings*—Book of Mormon and Modern Prophecies About America's Future*

The Joy of Being a Woman*—Guidance for Meaningful Living by Outstanding LDS Women*

Life Everlasting*—A Definitive Study of Life After Death*

The Life of Joseph Smith*—An Atlas, Chronological Outline and Documentation Harmony*

My Family Heritage*—Adult Personal History Starter Kit*

A Personal History Journal For LDS Youth*—from Birth Through High School*

The Plan of Salvation and the Future in Prophecy

The Prophecies of Joseph Smith*—Over 400 Prophecies By and About Joseph Smith and Their Fulfillment*

Prophecy—Key to the Future

Prophetic Warnings to Modern America

Prophets and Prophecies of the Old Testament

A Study of Eschatological Prophecies *Found in the Scriptures and the Works of General Authorities of The Church of Jesus Christ of Latter-day Saints (MA Thesis, Brigham Young University)*

This Is My Life*—Youth Genealogy Starter Kit*

Thus Saith the Lord

Música

Choral Concepts—Student Learning Guide, *Units 1-4*

Choral Concepts—Teachers Edition, *Units 1-4*

Fundamentals of Artistic Singing

Key Choral Concepts*—Teaching Techniques and Tools to Help Your Choir Sound Great!*

A Model Program for In-Rehearsal Teaching of Choral Concepts to High School Training Choirs *(Doctoral Dissertation, University of Utah)*

Music Reading: Quick and Easy*—A Singer's Guide*

Teaching Choral Concepts

Teaching Choral Concepts*—Instructor's Kit*

Libros y Artículos Sobre el Arte de Escribir

Database Development for a New Products Master Plan *for Horizon Publishers and Distributors, Inc. (MBA Thesis, University of Phoenix)*

Book Marketing*—Basic Industry Practices*

Book Publishing*—Basic Industry Practices*

Expository Writing*—Publication Evaluation Criteria for Book Publishers, Agents and Authors*

Fiction Writing*—Publication Evaluation Criteria for Book Publishers, Agents and Authors*

Manuscript Publication Selection Criteria for Book Publishers

Subject-matter Trend Analysis of Best-selling Religious Books

Subject-matter Trend Analysis of Best-selling Trade Books

Write With Power and Confidence*—Writing Techniques and Book-Industry Practices Every Author Should Know*

Discusiones Grabadas por el Autor

Anarchy in America*—Prophecies of Events Preceding the Establishment of the New Jerusalem*

Are You Saved?*—A Mormon's View of Faith, Works, Grace, and Salvation*

Armageddon

Biblical Proofs of the Book of Mormon

Biblical Proofs of the Restored Church

Doctrinal Evidences that Mormons Are Christians*—A Refutation of Misleading Statements Circulated by Anti-Mormon Critics*

Exaltation and the Kingdoms of Glory

Forty Keys to Family Emergency Readiness

From First Draft to First Edition
—A Step-by-Step Guide to Self-Publishing

God Speaks Through Prophets Today

God's Eternal Plan of Salvation

The Great and Abominable Church in Prophecy

He Comes in Glory
—The Second Coming of Jesus Christ and Events Prophesied to Precede It

How To Recognize Spiritual Promptings

How To Seek the Gifts of the Spirit

Interpreting the Book of Revelation

Israel—Past, Present and Future

Joseph Smith*—A True Prophet of God*

A Latter-day Saint View of Christ and the Trinity

Missionary and Temple Work for the Dead

Nephi's Panoramic Preview*—2,500 Years in Prophecy*

The New Jerusalem
and the Council at Adam-ondi-Ahman

Paradise*—The Spirit-world Home of the Righteous*

Recognizing Techniques of Deception in Anti-Mormon Literature

The Resurrection*—Doctrine, History and Prophecy*

Through Death Unto Life Everlasting

Understanding Isaiah in the Book of Mormon

Why Join the Mormons?

World War III*—God's Judgments Upon the Nations*

Ye Must Be Born Again